授業を支える
教師の心

成田 孝 著

大学教育出版

まえがき

本書の内容紹介

　教師は「何をどう教えるか」という教育方法のハウ・ツーに関心を持っているが、子どもの学びは教育方法の基盤である教師の「心」に大きく左右される。そこで、教師の「心」に関わる「授業に臨む姿勢」「教育観」「思考観」「人間観」に焦点を当てながら、教師の「心」の在り方を具体的に論じるとともに、子どもに「心」を育むための具体的な方法にも言及する。

本書のキー・ワード

　教育観、思考観、人間観、観得と形成、生命と精神、心情と精神、捨我と執我、指示的思考と概念的思考、授業に臨む姿勢、「させる・させられる活動」と「する活動」、体験、目標、題材の条件、段階的支援、クラーゲス。

　気が重いとか、ブルーな気持ちなどと言っても、心は物ではないので形も色も重さもない。直接見たり、持ってみたりすることもできない。また、自分で気づくこともあるが、気づかないことも多い。自分が認識できなくても、自分という生命がダメージを受けているときもある。心は、つかみどころがないと言えばない。だから、いろいろな解釈が成り立つ。しかし、心はよく分からないものだろうか。本書は、心の正体に迫りながら、子どもの学びを左右する教師の心の在り方、子どもの心の育み方に言及する。

　教育の主たる目的は、人格の形成とされる。「豊かな心」と言ってもよい。人格は屈強な身体でもなければ、知識（それも識）の量でもない。健やかな身体や、豊かに生きるための知と識は必要である。読み書きや計算の能力は必要であるし、道具の使い方も覚えなければならない。人や物や自然との関わり方も身に付けなければならない。引き継がれてきた文化も学ばなけ

ればならない。子どもは学校や家庭など、さまざまな場所で多くのことを学ばなければならない。

人格の形成は、心と不可分な関係にある。よって、教育の最重要キー・ワードは「心」である。教師が心をどのように考えるかで、子どもの心は豊かにもなれば貧しくもなる。同じ目標、同じ題材でも、教師の心に対する考え方によって子どもの学びの質に大きな差異をもたらすことを自覚しなければならない。

例えば、漢字の習得を考えてみたい。漢字を書けるようになることが目標なら、訓練的に繰り返しながら暗記させて書き方を覚えさせる方法もあれば、象形文字としての漢字の意味をひもときながら結果的に書き方を覚える方法もある。どちらの方法でも、漢字を正しく書けるという目標は達成できる。しかし、前者と後者の方法では、子どもの学びに決定的な違いが生じることは説明するまでもない。

文部科学省も、「豊かな心」の育成を重視している。しかし、文部科学省は「豊かな心」として、「生命や人権を尊重する心」「自然や美しいものに感動する心」「正義感や公平さを重んじる心」「勤労観・職業観」などを挙げているが、「心」そのものをどのように考えているのか、どのようにすれば心を豊かに育むことができると考えているのかはよく分からない。学習指導要領では教科・領域の目標と内容が示され、教科書も作成されている。各論である教科・領域の目標と内容がふさわしいかはさておき、各論及び教育活動全体を根底で支える心の考え方を示していないのが不思議でならない。

文部科学省が重視している、生きる力、学びに向かう力、思考力、判断力、表現力、人間性、主体性なども「心」を抜きには考えられない。しかし、これらについても深く掘り下げた言及はない。これらの重要なキー・ワードを教師がどのように考えるかによって、子どもの学びの質は大きな差異を生むはずなのに、なぜ詳細に整理して提示しないのだろうか。

教師は、教育基本法で定められている教育の目的・目標や学校・学部・学年・学級などの目標よりも、日々実施しなければならない授業に主たる関

心が向きがちである。授業は具体的な教育内容（題材）と具体的な指導方法（支援）によって展開されるので、具体的にどのような教育内容（題材）と指導方法にするかが重要であることは言うまでもない。どのような題材と指導方法にするかは、教師にとって切実な問題である。そこで、教師の主たる関心が題材と指導方法に向くのは否めない。

　残念ながら、教師は一コマ一コマの授業の教育方法を左右する自身の心を不断に問い返すことに興味・関心があるとは言えない。教師の心とは、教師の「雰囲気、授業に臨む姿勢、教育観、思考観、人間観」である。（以下、本書における教師の「心」は、教師の「雰囲気、授業に臨む姿勢、教育観、思考観、人間観」を意味する。）

　学校のあらゆる教育活動は心を有する教師と、同じく心を有する子どもによって営まれる。教科・領域によって学習内容は異なるが、心が共通する基盤となる。教師の心は子どもの学びに直結し、子どもの学びの質を大きく左右する。

　機械的かつ効率よく知識を覚えたり、訓練的かつ鍛錬的に身体を鍛えることを目的とするなら、教師の心は問題にならない。しかし、教育は各教科・領域固有の知識の修得に留まらず、「豊かな心」に裏づけられた人格の形成と一体でなければならない。「豊かな心」は道徳などの教科で育まれるものでなく、全ての教育活動で育まなければならない。全ての教育活動を支えるのは、教師の心である。

　各論たる授業の教育方法は、教師の個性や考えを活かしながら多様に追求されるべきである。しかし、心をはじめ、生きる力、学びに向かう力、思考力、判断力、表現力、人間性、主体性などをどのように考えるのかによって子どもの学びに大きな差異をもたらすならば、これらのキー・ワードに関わる理論的な整理は不可欠である。教育は具体的な活動によって展開される以上、教育方法論は重要である。授業の本質に関わる心の考え方は、教育方法を支える教師の心に直結する。よって、教師の心の見直しは教育方法の見直しに直結する。

　研究者も授業を担当する教師も、狭義の授業論・教育方法論に陥っていないだろうか。教育方法を心にまで深く掘り下げて議論しなければ、学びの本質は見えてこない。心といっても、ピンとこないかもしれない。人間に心があることを否定する人はいないだろう。では、心とは何だろうか。動物や植物にも心があるのだろうか、人間と動物の心は違うのだろうか。心はどうあるべきだろうかなど、心に対する興味は尽きない。

　心の特徴や本質を、明快に説明できる人はいるだろうか。多くの人は心に対して、漠然としたイメージしか持っていないのではないだろうか。曖昧と言えば曖昧である。教師も例外ではないだろう。教育活動の基盤である心をどのように考えて実践しているかを説明できる教師は、ほとんどいないと思われる。

　教師自身の心に関しては、残念ながら、セクハラ、パワハラ、道路交通法違反などがときどき報道によってクローズ・アップされているのは周知の事実である。いじめも、保身や責任回避のためか真相究明をせずに隠蔽し、第三者委員会の設置を求められる不誠実な学校や教育委員会が後を絶たない。これらがあってはならないことであることは、誰でも理解できる。教師によるこれらの負の事例は、教師の執我としての自我によってもたらされる。執我は、エゴイズムである。

　一方、「活動あって、子どもの学びなし」の授業が皆無であると断言できるだろうか。授業に関わる教師の心の在り方が、クローズ・アップされているだろうか。もっと焦点を当てて、徹底的に見直すことが必要である。

　残念ながら、特別支援教育分野でも学会における授業論はメジャーではない。子どもの学びは授業を通して行われるものなので、学校や学会などにおいて、教育方法論それも教師の心の在り方にまでつなげた本質的な議論が活発に展開されることを切望する。

　教師の心の在り方といっても、抽象的かつ漠然としたイメージしか浮かばない人が少なくないと思われる。そこで、本書では教師の心の在り方として、「教師に求められる姿勢」を明らかにするとともに、教師の精神が自身

の自我にとらわれる執我ではなく教師が自身の自我を抑制する捨我でなければならないこと、概念の範囲でしか捉えることができない概念的思考ではなく、ありのままに捉えることができる指示的思考でならなければならないこと、子どもが教師に「させられる活動」ではなく子どもが主体的に取り組む「する活動」でなければならないこと、教師が考える枠に子どもを誘導する「直接的支援」ではなく子ども自らが気づいて解決できる「段階的支援」でなければならないことなどを具体的に明らかにする。これらは絶対的なものではないが、教師の心の在り方を具体的に考える一つの材料になればありがたい。そして、教師の心の在り方が変わることによって、教育方法の基本的な考えや具体的な教育方法も本質的に変わることができる。授業論は、教師の心の在り方にまで深く掘り下げてこそ子どもの学びに迫ることができる。

　本書は、授業を支えている教師の「心」をテーマにしている。本書は主として、ドイツの哲学者ルートヴィッヒ・クラーゲス（1872-1956）の考えに依拠している。

　世界が、人間を「体と心（精神）」の1層からなる一元論に支配されているのは否定できない事実である。教師の大半も自覚することはないと思われるが、人間を「体と心（精神）」と捉えていると思われる。一方、クラーゲスは、人間の生命は「体と心情」からなり、その生命に後から「精神」が闖入したと捉えている。そして、精神には生命を躍動させる働きもあれば、逆に生命を脅かして荒廃させる働きもあるとしている。この生命層と精神層の2層からなるとするクラーゲスの二元論は、決してメジャーな捉え方ではない。

　人間を「体と心（精神）」とする考えになじんでいると、その価値観がじゃまして、人間を「体・心情、精神」と捉える考えを理解するのは容易でないかもしれない。まして、「心情」と「精神」の違いは難しいかもしれない。しかし、子どもが学びを創造するためには、クラーゲスの考えが不可欠であると確信している。そして、子どもの学びに対して決定的な鍵を握って

いる心情と精神の働きを理解してこそ子どもの学びがほんものになり、人間や社会を創造的で豊かな地平へ導くことが可能になると確信している。

なお、本書では広義において心情と精神を合わせて「心」としている。区別する場合は、「心情」「精神」としている。

最後に、本書及び既刊の拙書が教師の「心」の在り方を考える一助になれば幸いである。教室の子どもたちが瞳を輝かせ、生命が躍動することを願いながら。

授業を支える教師の心

目　次

序　章

なぜ教師の「心」が問題なのか

　この章では、教育方法（教育内容や指導方法）論に偏重するとともに指導技術論にとどまっている現状を克服するためには、教育方法を支えている教師の「雰囲気、授業に臨む姿勢、教育観、思考観、人間観」を深く掘り下げる必要があることに言及する。

　教師の「雰囲気、授業に臨む姿勢、教育観、思考観、人間観」は、一言で言えば、教師の「心」である。教師の心の在り方を問わずに、真の子どもの学びを創造することはできない。

1 教育方法論に偏重している

　教育は、子どもに学びを創る営みである。学びは子どもにとって、驚きや発見のある生活である。概念化された識をたくさん身に付ける営みではなく、物事の本質に迫る知の営みでなければならない。

　学びを創るために、学校では学習活動が用意される。授業である。授業は、教師が教育内容（題材・教材）を準備し、指導方法（支援）を考えて展開される。よって、教師の主たる関心は教育内容と指導方法、つまり教育方法に向くことになる。

　教育内容は学習指導要領に目標とともに示され、教科書も作成されている。しかし、それはあくまでも手がかりであって、子どもに学びを創るためには、徹底的な教材解釈をもとに、子どもに学びを創るための授業を構想しなければならない。学びを創るための具体的な教育内容を、題材ごとに考えるのは容易ではない。残念ながら、学習指導要領に沿った教科書をなぞるだけでも授業を展開することは可能である。

　一方、指導方法は教育内容のようには示されていない。教育内容の手がかりは学習指導要領にあるが、指導方法の手がかりはない。そこで、公開研究会などでの議論や研究紀要類の多くは、教育内容に関わる題材・教材論よりも指導方法論が主になっていることは否めない。指導方法論も教育内容論も重要なので、指導方法を研究することは必要であるが。

　授業は PDCA（plan‐do‐check‐action）サイクルによって、教育内容（題材）や指導方法を考えて計画し、実践し、評価し、改善を考え、更に実践する。教師にとっては「何をどう教えるか」、子どもにとっては「何をどう学ぶか」を探究する教育方法論である。授業は教師が用意した教育内容をもとに、教師が考えた指導方法によって展開されるので、教育方法抜きに授業は成立しない。それだけ、教育方法論は重要である。学習指導案では「指導上の留意点」などの名称で、指導方法の記載に多くのスペースが割かれて

いる。

　教師の誰しもが、教育内容（題材）や指導方法に悩んでいる。中でも、指導方法に大きな関心が向いている。

　授業の評価や授業研究会での議論も、教育内容（題材）や指導方法に重きが置かれている。教育方法論である。学校で行われている授業研究会や公開研究発表会における議論や研究紀要などでも、教師の心にまで掘り下げて言及している例は知らない。現状は、授業で具体的に何を教えるか、具体的に何を学ばせるかに主たる関心が向くあまり、狭義の授業論・教育方法論、表面的な指導技術論に陥っているのは否定できない。

　ＡよりもＢがよいとするなら、やり方が変わるだけで本質は変わらない。具体的な教育内容や指導方法は、その場しのぎや思いつきで考えることではない。必ず、教師の方針に基づいて考えなければならない。その際の方針は先行研究や他の実践などを参考にするかもしれないが、そのベースは教師自身の心を反映する。ということは、教師の心が、教育内容（題材）や指導方法の方針及び具体的な教育内容（題材）や指導方法を決定づけることになる。

　具体的な教育方法には教師の心が如実に反映されるので、心を深く読み解かなければならない。教育方法の表面的な改善にとどまるなら、教師の授業力は決して向上しない。深く読み解いた教師の心に照らして、具体的な教育方法はもとより、教師の心まで変わることなくして教師の授業力は高まらない。教育方法は重要だが、それ以上に教育方法を支えている教師の心が重要なのに、大きな盲点になっている。

　学びを創るために求められる教育内容や指導方法の法則を明らかにしても、それを実際の授業で行使するのは個々の教師である。同じ題材、同じ指導方法でも、教師が変われば子どもの学びに差異が生じる。なぜなら、教師によって、「心（雰囲気、授業に臨む姿勢、教育観、思考観、人間観）」が違うからである。ロボットや機械が授業するなら差異が生じないかもしれないが、生身の人間である教師が授業する以上、教師の心が大きく反映するこ

とを自覚しなければならない。表面的な教育方法論に陥ることを避けるためには、教育方法を支えている教師の心にまでつなげて議論しなければならない。

2　指導技術論にとどまっている

　教師の誰しもが、具体的にどのように指導すればよいかに悩んでいる。授業は具体的な教育内容と具体的な指導方法によって展開されるものなので、指導に関わる具体的な指導技術は重要であり、指導技術は高めていかなければならない。しかし、指導技術は、子どもの学びの創造に関わる指導方法の一部にすぎない。例えば、教師の掛け声の仕方は指導技術である。しかし、重要なことは、効果的な声掛けをしながら、どのような方法で子どもの学びを創るかである。さらに、教育方法論を支えている教師の心の在り方が問われる。声の掛け方だけ学んでも、意味がない。

　特別支援教育では、自閉症スペクトラム児は話し言葉のような聴覚刺激よりも、絵・図・写真などによる視覚的構造化が有効とされているので、視覚的構造化が授業で多く取り上げられている。どのような絵・図・写真にするかは、指導技術である。視覚的構造化は、教師が考えるストーリーに当てはめるのではなく、子どもが主体的に活動しながら学びを深めるものでなければならない。最終的には、視覚的構造化なしに、あっても最小限にしなければならない。

　自閉症スペクトラム児とのコミュニケーションに悩んでいる教師にとって、視覚的構造化という指導技術は救世主に違いない。教師なりに、視覚的構造化をさまざまに考えているのかもしれないが、現状は視覚的構造化そのものが目的化している気がしてならない。視覚的構造化の安易な模倣や固定は避けなければならない。

　学習指導案を書くにしても、ゼロから書くことは難しい。そこで、手っ取り早く他人が書いたものなどを参考にすることになる。題材集や学習指導

案集が売れる理由、ハウ・ツー本がもてはやされる理由もここにある。

　徹底的に教材研究すれば、おのずと学びを構想できる。安易にハウ・ツー本に頼る教師は教材研究がふじゅうぶんなので、学びを構想できない。ハウ・ツー本をコピーすれば授業は展開できるが、借りものなので決して学びを創造することはできない。

　安易に指導技術を入手しようとする教師からは、研修会や講演などで具体的な指導技術のノウ・ハウを話す講師は歓迎され、学びの本質に迫る講師の話は一般論・抽象論として敬遠される。

　ハウ・ツー本には功罪がある。ハウ・ツー本を否定しているのではない。教育内容を学習指導案どおりに展開するためのやり方をメインにした指導技術論にとどまっているものもあれば、子どもの学びの創造に焦点を当てたものもある。現状は指導技術論にとどまっているものが多く、学びの創造に焦点を当てたものは極めて少ない。

　大事なことは、授業を通していかに子どもに学びを創るかであって、教師が考えた教育内容を教師が考えた指導方法によって子どもになぞらせることではない。子どもに学びを創るための授業構想を練るうえで、参考になるハウ・ツー本があれば参考にすればよいだけである。

3　教育方法論や指導技術論に欠けている教師の「心」の在り方論

　教育内容や指導方法を考えて授業するのは、個々の教師である。どのような教育内容にするか、どのように指導するかは、教師の教育内容や指導方法に対する考えによる。また、教師にも感情がある。その日の気分もあれば、子どもとのやり取りでも教師の感情は刺激される。

　教育内容や指導方法は、独立して存在することができない。教師の「雰囲気、授業に臨む姿勢、教育観、思考観、人間観」と、密接な関連があることを忘れてはならない。一言でいえば、教師自身の心である。

　教育方法や指導技術を論じるときは、教育方法や指導技術を支えている教師の心の在り方にまで深く掘り下げないと、表面的な教育方法論・指導技術論にとどまるのは避けられない。「そのやり方がよいのか」と、単に一つのやり方を身に付けるだけになる。

　教師が変わることなくして、授業や子どもの学びが変わることはできない。教師が変わることは、決して新しいやり方を覚えることではない。具体的な教育方法や指導技術を支えていた教師自身のそれまでの心が上書きされなければ、教師は本質的に変わることができない。よって、具体的な教育方法や指導技術を論じるときは、教育方法や指導技術を支えている教師の心に関わる「雰囲気、授業に臨む姿勢、教育観、思考観、人間観」にまで掘り下げて論じなければならない。教師の心の在り方論（心論）である。現状は、教師の心の在り方論が大きな課題になっている。

4　ま　と　め

　授業は、子どもに学びを創る営みである。教育内容と指導方法は、授業と直結している。学びを創るためには、どのような教育内容（題材・教材）と指導方法がよいのかは徹底的に研究しなければならない。

　しかし、教育内容と指導方法は教師の考えに大きく左右されることを忘れてはならない。授業ではどのような教育内容と指導方法だったかを問われるのは当然であるが、その教育内容と指導方法が教師のどのような考えに基づくのかこそ問われなければならない。図 1[1) のように、「教育内容」及び「指導方法」は独立して存在することができない。

　最上層の「教育内容・指導方法」は、それぞれの方針はもとより、題材ごとの具体的な「教育内容」及び「指導方法」を示している。最上層の「教育内容・指導方法」と、その下層ある「雰囲気・授業に臨む姿勢」は現象として現れる。現象としての「教育内容・指導方法」及び「雰囲気・授業に臨む姿勢」の根は、その下層の「教育観・思考観」にある。さらに、「教育観・

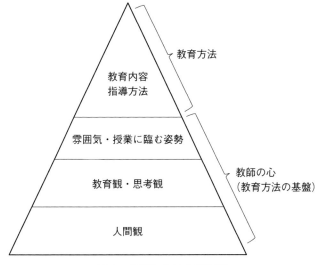

図1　授業における教師像

思考観」の根は、最下層の「人間観」にある。

　つまり、「教育内容・指導方法」及び「雰囲気・授業に臨む姿勢」の根が「教育観・思考観」に、「教育内容・指導方法」及び「雰囲気・授業に臨む姿勢」の根の根が「人間観」にある。最下層の「人間観」が、全てに通底し、子どもの学びを左右する大元になる。教師は自身の人間観を考えることはないかもしれないが、教育における教師の「人間観」の重大さに気づかなければならない。

　教師は、教育方法の基盤となる「雰囲気・授業に臨む姿勢、教育観・思考観、人間観」にまでたどって、授業で展開された教育内容と指導方法の根拠を洞察しなければならない。この洞察がなければ、表面的に教育内容と指導方法の改善はできても、真の子どもの学びを創ることはできない。なぜなら、教師にとって「学びを創る」ということは、教育方法の基盤である教師自身の「心」が変わることだからである。

　詳細は第2章で述べるが、子どもに学びを創造するためには教師の思考が概念的思考ではなく、指示的思考でなければならない。教師が自身の思考観

を考えることはないと思うが、子どもの学びを決定的に左右する事実に照らして検証し、教師自身の思考観も常に問わなければならない。教育界・教育方法学界・教育哲学界等において、教師の「心の在り方」に関わる研究が盲点になっているのは否定できない。

第 1 章

「心」を知る

　この章では、「漢字」「自然界の階層」「植物・動物」「植物性器官」「人間観」「非認知能力」「自我」「観得」「思考」「知・徳・体」「知情意・真善美」「情操」「五蘊」「正論・たてまえ・正義」「感覚」「記憶」の16の視点から、「心」をどのように捉えればよいのかについて言及する。なお、「人間観」「自我」「観得」「思考」の4つは第2章と重なるので、本章では概要にとどめた。詳細は、第2章を参照していただきたい。

　人間は、「体と心情」からなる生命に後から闖入した「精神」によって「心情」が目覚める。そして、その精神が自我にとらわれない捨我の状態か、それとも自我にとらわれる執我の状態かによって、心は大きく左右される。さらに、感覚では「体性感覚」が重要である。

1 漢字と「心」

（1） 漢字に込められた意味

　文字には、表意文字と表音文字がある。漢字は、その字形を見れば意味が分かる表意文字である。例えば、山や月はその特徴を 象^{かたど}ったものなので、漢字から山や月を表していることが分かる。ただし、山や月の漢字は特徴を絵図化・単純化しているが、本質を見抜いていることに驚かされる。

　一方、英語のアルファベット A・B・C の一字一字はエー・ビー・シーと読むことはできるが、A・B・C は山や月のような具体的な形象を表さない。表意文字ではないアルファベットを Mountain や Moon のように組み合わせても、象形文字ではないので綴りそのものは形象を表さない。アルファベットで綴られた単語である Mountain や Moon は、発音が分かる表音文字である。例えば、Mountain や Moon はマウンテン・ムーンと発音するが、Mountain や Moon は象形文字ではないので山や月のような形象を想像できない。よって、Mountain や Moon が山や月を意味する根拠は文字の形象ではない。

　象形文字は形象の特徴を簡略化したもので、その代表が漢字である。エジプト文明のヒエログリフ、メソポタミア文明の楔形文字、インダス文明のインダス文字、中国文明の甲骨文字なども象形文字である。

　なお、漢字は約 3,500 年くらい前の甲骨文字が起源とされ、原初的文字の象形文字、指事文字、会意文字、形声文字の 4 つほどに分類される。象形文字は「形象を簡略化したもの」、指事文字は「一や二などのように絵としては描きにくいものを抽象的な 印^{しるし} などで表した文字」、会意文字は「象形文字や指事文字を組み合わせた文字」、形声文字は「片側に発音を表す音符、もう片側に関係する事態を示す偏を添えた文字」である。指事文字・会意文字・形声文字は原初的文字である象形文字を組み合わせたものなので、漢字の根本は象形文字である。楷書が約 1,000 年くらい前とされるので、約 2,500

年くらいかけてで甲骨文字から楷書に至ったことになる。

　『学研漢和大字典』[1) 2)] などから、まずシンプルな形象の「月」「山」、次に「心」に関わる「心」「気」「頭」「脳」「思」の成り立ちとその意味を考えてみたい。さらに、「心」に関わる成語はいくつかあるが、本書のキー・ワードである「心情」「精神」の意味にも言及する。

　これらの文字や成語を取り上げるのは、心を考えるヒントがあると思うからである。それにしても、先人の物事の本質に対する洞察力とイメージの豊かさ、形象を観得・形成する心情の豊かさに驚かされる。「観得・形成」は、88 – 92 頁及び 197 – 199 頁で言及する。

「月」
)　→　)）　→　夕　→　月

　「月」は、三日月を描いた象形文字である。月は球体なので、丸でもよさそうである。しかし、丸いものはさまざまあるので、丸だと月の特徴を表すことができない。丸くえぐるように欠ける三日月の形を当てているのは、満ち欠けする月の本質や人間との関係を見抜いていたからではないだろうか。

　地球が 1 日に 1 回自転することによって、1 日に 2 回の干潮と満潮が起こる。約半日を周期に、海面が上下する潮汐である。地球と月が一直線に並ぶときは地球の一直線上に位置する裏表の場所で月の引力が強くなるので満潮に、一直線上と直角になる場所は引力が弱くなるので干潮になる。さらに、朔（新）月から望（満）月までを約 29.5 日を周期とする朔望月がある。朔望月は、地球の衛星である月が地球を一周することによって起こる。太陽と月の両方の引力を受ける満月と新月は大潮に、太陽と月の引力が打ち消し合う半月（上弦・下弦）は小潮になる。

　このように、月は地球の生命と密接な関連がある干満と強く結びついている。また、自ら光を発しない月は太陽の光を反射するので、太陽・地球・月の位置関係によって、新月・三日月・半月・満月に見える。ならば、月の象形文字は新月（●）・半月（Ｄ）・満月（○）でもよさそうだが、三日月と

したのは見え方が変化する月を1日2回の干満（潮汐）や約29.5日を周期とする朔望月に結びつけていたと考えられる。つまり、三日月を生命に大きな影響を与えている潮汐や朔望月を象徴していると考えたのではないだろうか。無論、太陽との密接な関係も象徴している。

　朔望月は29.5日を1か月とし、睦月・如月・弥生・卯月・皐月・水無月・文月・葉月・長月・神無月・霜月・師走の12か月で1年とする陰暦となり、人々の生活と密接に結びついてきた。この原稿を書いているときも、中秋の名月（旧暦8月15日）を迎えた。ススキなどの野の花、果物（梨）、月見団子のそばで、満月が美しく輝いていた。

　地球が太陽の周りを1回転（公転）する時間を1年とする太陽暦は1年が365.242199日なので、1年を365日とし、余った分を4年に1度の閏年（うるうどし）にしている。一方、月の満ち欠けをベースとする太陰暦は29.53059日を周期とする朔望月（さくぼうげつ）×12か月＝354.36708なので、365日には365.242199 −354.36708＝10.875119と、約11日不足になる。3年では33日もずれることになる。そこで、太陰太陽暦では1年に約11日ずれるのを回復するために、3年に一度の閏月（うるうづき）を加えて1年を13か月にしている。太陰暦では調整の分かりにくさや、季節がずれるなどの不便さなどがあることから、現代では太陽暦が主になっている。古代中国に端を発する立春・春分・夏至・大寒などの二十四節気は、太陽の動きが基になっている。

　生物の産卵や捕食における潮汐の関係がよく知られているように、生物は太陽だけではなく月の影響も強く受けている。月の1日の平均時間（約24時間50分）と人間の体内時計が一致するのは、人間に月のリズムが刻まれている証（あかし）であろう。漢字から人間と月との密接な関係を思わずにはいられない。

「山」

山 → 山 → 山

　「山」は、△の形を描いた象形文字である。盛り上がった1つの△形でもよさそうだが、△の形が3つ連なっている。△形を3つにすることによっ

て、2つの▽形の溝が描かれる。この二つの溝は、分水嶺を表している。山からの水が、分かれて川となって流れる様子を伝えている。

　水は人間にとっても、動植物にとっても必要不可欠なものである。よって、象形文字の山は単に高くそびえるものではなく、分水嶺によって恵の水をもたらしてくれるものである。また、山には深い山を切り開いて建立した「寺」、土を盛り上げて作る「墓」などの意味もある。「山」は、標高の高い山のみを意味するものではない。

「心」

ᗑ → ᗑ → 心

　「心」は、心臓の象形文字である。象形文字の形から、心臓の構造（心房と心室）が読み取れる。「心」とするのは、血液を全身の細い血管の隅々にまで行き渡らせる心臓の働きに注目したからとされる。

　また、心臓は体の中心と考えられていたので、遠心力・核心・円心などのように、「心」には物事の中心の意味もある。

　人間の体は、植物性器官と動物性器官で構成される。植物性器官は吸収系・循環系・排出系に分けられ、その頂点に血液を全身に配る心臓が君臨する。一方、動物性器官は受容系・伝達系・実施系に分けられ、その頂点に脳が君臨する。そして、脳が心臓をしのいでいる。脳が心臓をしのぐということは、動物性器官が植物性器官を支配することを意味するとともに、脳が精神を生み出して生命（体・心情）を支配することを意味する。ここに、心の本質を見いださなければならない。

　「心」は、中国語の「心」に対する日本固有の語音とされるが、古来、インドや中国や日本では心の座が心臓にあると考えられてきた。「こころ」と「心臓」を不可分に考え、「心」を当てたと推察される。ちなみに、古事記歌謡では「こころ」に「心」を当てずに、「許許呂（こころ）」になっている。万葉集や古事記になると、「心」を当てている。ただし、同じ万葉集でも「情（こころ）」を当てているものもある。

　心には「心が引き締まる」とか「心にかける」などの言い方があるが、心を気に置き換えても同じ意味になる。それだけ、気と心は似ている。気は、心そのものである。なぜなら、心臓は気が宿る場所とされてきたからである。また、「心」を「コリ」と読めるのは、心臓が気の凝る場所であるとの指摘もある。

「気」

$$\begin{array}{c} 彡 \rightarrow 气 \searrow \\ 米 \nearrow \end{array} 氣（気）$$

　「氣」は、「气」と「米」からなる会意兼形声文字である。「氣」は、「気」の原字である。「气」は空気が介在して、息や湯気や蒸気が屈曲しながら出てくるさまを意味する。「米（コメ）」は、栄養すなわち生命の養素として後から補充的に加えられたものである。

　気体は固体ではなくガス状の流動的なものを意味するように、「気」は息や蒸気にかぎらず、全ての流動的で柔軟性に富むものの流れを表していると考えられる。「氣」は、直接的には「气」と「米（コメ）」が合わさって米を蒸すときに出る蒸気の意味になるが、本質的には生命の養素に関わる流動的なものを意味すると考えられる。

　森羅万象、生命的現象は気の変化で営まれ、気は内部に摂取されるとともに宇宙全体を包み込んでしまうものである。気は感情の基となるものなので、心と密接に関連しながら生命の根源と深く結びついている。

「頭」

$$\begin{array}{c} 𤴔 \rightarrow 𦣻 \rightarrow 頁 \rightarrow 頁 \searrow \\ 豆 \rightarrow 豆 \rightarrow 豆 \rightarrow 豆 \nearrow \end{array} 頭$$

　「頭」は、「頁」と「豆」からなる会意兼形声文字である。「頁」の象形文字は横向きに頭が大きく描かれ、頭の下に両足が小さく添えられ、あたま・かしら・こうべを表している。「豆」の象形文字は高杯が描かれ、じっと

立っている様子を表している。人間は手足はよく動かしても、頭はあまり動かさない。象形文字はその特徴を伝えている。

　頭は人間の一番上にあることから、人々の上に立つ「かしら」、「最先端」「一番はじめ」の意味もある。さらに、牛などを数える単位「とう」の意味もある。また、一番上にあるということは、頭が体を支配する意味につながる。

「脳」

𣢾 → 腦 → 脳

　「脳」は肉の一切れを描いた「月」の象形文字と、頭に毛が生えた右側の象形文字からなる会意兼形声文字で、脳みその軟らかい特質を意味し、軟かくてシワのある脳を表す。右側の3本の線からなる頭の毛の下にある四角は頭骨、四角の中のメは頭骨の筋を表している。

　また、「脳」には頭脳の働きの意味や、「首脳」などのように「主要なもの」「重要なもの」の意味もある。これは、脳を重要な器官を考えていた証である。

「思」

⊗ → ⊗ ↘ 𢇻 → 思
　　Ψ ↗

　「思」は、泉門がある幼児の頭を表す「田」と心臓を表す「心」からなる会意兼形声文字である。「思う」働きが、頭脳と心臓を中心に行われることを示している。

　心臓は体の中心とされるので、心臓は体である。よって、脳と心臓からなる「思」は脳が体を支配するのでも、体が脳を支配するのでもない。「思」には、脳と体が調和している姿がある。脳に宿る自我が体を支配することへの警鐘を暗示しているのではないだろうか。

　また、「思」にはこまごま考えたり、思いを巡らす意味があるが、懐かし

く思ったり、物思いに沈んでいる意味もある。つまり、「思」はさまざまな思いも表している。

「心情」

「心情」は、「心」と「情」からなる。「心」は「こころ」そのもの、つまり「思い」や「感情」を表す。「情」は、「忄」と「青」からなる会意兼形成文字である。「忄」は「心」から転じたものなので、「心」を表す。旁の「青」は「清く澄みきったエキス」を意味する。「情」はもとのありさまを表す「状」からきており、もとから人間に備わっている心の動きよう、つまり情調や気分を象徴している。

「心」と「情」からなる「心情」は、心の働きをもたらすエキスの意味になる。エキスによって、人間に備わっているありのままで素直な「思い」や「感情」がもたらされる。

「心情」にあたるドイツ語 Seele は、原始ゲルマン語 Saiwalō、ギリシャ語 Aiolos（動くもの）と同根とされる。ドイツ語 Seele からも、心情は生命と深い関わりのある流動体としての気に通じていることが分かる。宇宙の営みと一体になった流動体としての気、つまり心情は生命そのものであり、生命と深い関わりがある。「心情」の詳細は後述する。

「精神」

歯→青
米→米　精→精

丁→不→示→示
　　　　　　　神
⺄→乙→申→申

「精神」は、「精」と「神」からなる。「精」は「米」と「青」からなる会意兼形成文字である。「米」は、汚れのない精白した米を意味する。「青」は生えたばかりの芽を意味する「生」と、井戸にたまった清水を意味する

「丼」の会意兼形式文字である。よって、「精」は内部が汚れなく澄み切っている様子を意味する。

「精神」は、「精」よりも「神」の意味が重要である。「神」は神霊が降りてくる祭壇、凡（つくえ）の上に生けにえを載せて神に献ずるを意味する「示」と、稲妻が伸びる姿を表している音符「申」の旁からなる会意兼形成文字である。「神」の「シン」は、震える意味の「震」からきている。古代人は雷が天地に震い届くのを恐れ、これを天の神と考えて「シン」と呼んだとされる。雷神は雨をもたらす慈しみ深い勢力であるが、同時に不可知で、不気味で神秘的で、何か恐ろしい勢力を持つ存在である。「神」が人間の内部を象徴する「精」と組み合わさると、人間の外部の勢力ではなく、人間内部の性能を象徴する。

「精神」を表す英語 Spirit、フランス語 Esprit は、空気・風・息などの自由に動けるものを意味するラテン語 Spiritus から来ている。ドイツ語 Geist も同様の語源とされる。

自由に動けるということは、精神が個人の身体を超えて自由に動き、広がりを持つことを意味する。精神の独走・暴走である。人間の心身を支配する邪悪で不気味で暗い悪霊のイメージを持つ精神は、人力でははかり知れない、生命を揺るがす恐ろしい力があることを意味する。

「精神」の詳細は後述するが、本書の重要なキーワードは、「心情」と「精神」である。ここでは、あとから現れた精神が生命（体・心情）を支配し、人間を揺るがす恐ろしい力があることを強調したい。

（2）「心」はどこにあるのか

心には感情・思考・知識・意志などの働きがあるとされるが、人間のどこに心があるのだろうか。

心には「心（しん）」として「心臓」の意味と、「心（こころ）」として「感じたりする」などの意味がある。「心（こころ）」とするのは、心の働きが心臓にあると考えていたからでる。古くは、心の働きが心臓にあると考えられていた。その後、心の働

きが頭（脳）にあるとする考えも出てきた。

　心の働きが心臓にあるとする考えは、体や物事の中心が心臓にあると考えていたからである。心臓は体を代表するので、心は体にあることになる。「肝を冷やす」「胸がときめく」「断腸の思い」「はらわたが煮えくりかえる」「胃が痛い」「腑に落ちる」「開いた口が塞がらない」「肝腎かなめ」など、体の部位に関わる心の言い方は多い。これは、心が体と密接な関連があることを示している。また、感覚器官で最も重要な触覚は外受容感覚として全身にある。さらに、深部感覚としての内臓感覚もある。脳そのものに感覚器官はないが、感覚器官は体にある。感覚器官が感覚の入口なら、感覚と密接に結びついている心は体にあると言える。象形文字からは、感じたりするのは体全体という意味で心臓に代表させていると読み取ることができる。

　一方、心の働きが頭（脳）にあるとする考えがある。感覚器官や末梢神経は体にあっても、考えたりするのは中枢神経である脳の働きによるとの考えである。心の働きは、体にある心臓・感覚器官・末梢神経だけで行われるものでもなく、頭や脳にある中枢神経だけで行われるものでもない。生きている人間の心臓と頭（脳）は、一体となって働いているので片方にあるとする考えには無理がある。

　「思」は、「田（頭）」と「心（心臓）」からなる。「田」は田んぼではなく、頭を表した（頭を上から見たところ）象形文字である。よって、「思」は頭（脳）と心（心臓）の共同で行われることを意味しているので、心の座が心臓や脳の片方にあるのではないことは明らかである。「思」は、頭（脳）が心臓（体）を支配しているのではない。「思」は頭（脳）が心臓（体）に支えられ、頭（脳）が心臓（体）に傾聴していることを表している。つまり、「思」は頭（脳）と心臓（体）が一体となった姿を表している。「思」から、思考は心臓と脳の共同作業であることが読み取れる。

　生きている人間の心は、頭（脳）と心臓（体）が一体となっている。頭（脳）と心臓（体）が一体になっているということは、心には頭（脳）や心臓を含む体全体、細胞の一つ一つにまで関わっていると考えなければならな

い。

　ただし、脳が体（心臓）に傾聴するのは本来のあるべき姿であるが、脳に由来する精神が生を営む体に闖入し、精神が生を脅かすようになってきた歴史に注目せずにいられない。

2　自然界の階層と「心」[3]

　図2の「自然界の階層構造」は、アリストテレスの考えに依拠している。アリストテレスによると、植物の特徴は「栄養魂（栄養 — 生長 — 生殖)」、動物の特徴は「感覚魂（感覚 — 欲求 — 運動)」、人間の特徴は「知性魂（理知 — 意志)」にあるとされる。ここから、植物は「栄養」、動物は「感覚」、人間は「理知（理性)」をその特徴としていることが分かる。

　アリストテレスは、人間にも「栄養 — 生長 — 生殖」を掌る植物的な営みである「植物性器官」と、「感覚 — 欲求 — 運動」を掌る動物的な営みである「動物性器官」の両器官があることを最初に指摘したと言われている。人

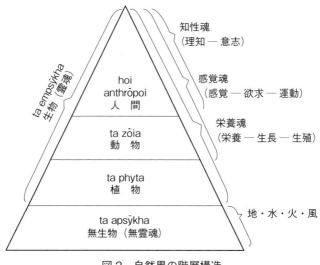

図2　自然界の階層構造

間はいきなり出現したのではないので、人間に中に植物的なものと動物的な
ものがあるのは必然である。

　人間の感情には「腹が立つ」「肝を冷やす」「胃が痛い」「腑（内臓）に落
ちる」「五臓六腑にしみわたる」「五臓六腑が煮えくりかえる」など、植物性
器官である内臓に由来するものも少なくない。これは、植物性器官である内
臓に対する動物性器官の介入によって心（心情）の働きが目覚めたといえ
る。植物性過程は動物性過程を介して意識することが可能になる。よって、
植物性器官と動物性器官で構成され、さまざまな感覚器官を持つ体の働きが
重要となる。教育にあっては、人間にも植物性器官が存在するので、植物の
ように宇宙や自然の意に心（心情）を開いていかなければならない。

　植物は地・水・火・風の無生物（無霊魂）に支えられ、動物は無生物（無
霊魂）と栄養魂に支えられ、人間に至っては、無生物（無霊魂）と栄養魂と
感覚魂に支えられているとされる。このように、無生物、植物、動物、人間
は、図２のような階層で示されている。植物は宇宙のリズムと密接に関わっ
て生きているので、植物は宇宙と交信する遠感覚を有するとされる。

　アリストテレスは、人間には固有の思惟的部分（知性魂）、つまり知性・
理性（理知）があるとしているが、知性魂を自我に、理知を精神に置き換え
たい。なぜなら、人間の本質は自我（精神）にあるとともに、自我の実行者
が意志にあるからである。また、知性・理知では人間の本質が見えてこない
し、誤解が生じると思っている。なぜなら、理知にはよいイメージしか持た
ない人が多いと思われるが、理知は精神によって概念化されたものなので、
負の側面もある。負の側面は後述する。

　図２の最下層「無生物」には、狭義の無生物もあるが、「地・水・火・風」
は四大とも言われ、宇宙・地球の根元的要素とされる。生き物は、宇宙との
関わり抜きには生きられない。よって、「地・水・火・風」を「地（地面・
土）・水・火・風」と額面どおりに受け取ってはならない。

　図２の「無生物」は、「人間・動物・植物」以外の全てである。当然、引
力・重力・地磁気・太陽光・空気（酸素）、温度（気温・水温・地温）など

も入る。太陽光は植物の光合成に必要だし、人間の体内時計とも密接に関わっている。植物や動物は、地球の公転が生み出す季節による温度変化や地磁気などをセンサーによって捉えている。季節は寒暖をもたらし、人間はその中で生きている。地球の自転によって昼夜が生まれ、人間は夜に寝て、昼に生活するようになっている。月の引力は1日に2回の干満をもたらし、2週間の周期がある。波のリズムと人間の呼吸のリズムは、密接に関連しているとされる。生理が、月のリズムと関連していることも知られている。

　人間が生きていくうえで不可欠な水や空気なども、宇宙と密接な関係がある。また、植物のように自ら栄養を生産することができない従属栄養の人間は、肉・魚・野菜などを動植物などから摂取しなければならない。これらは、宇宙と密接な自然が育んでいる。空気（酸素）がなければ動物は呼吸することができない。それなのに、人間は水（海・川・地下水）や空気の汚染、CO_2増加による気候変動、乱獲による種の根絶などによって生態系を壊し、生命の存在を脅かしている。生命を育んでいる自然を破壊し続けて、宇宙との関わりを遠ざけている。

　豊かな自然でイメージするのは、青い空、きれいな空気・海・川、美しい植物やさまざまな動物が生きている姿であろう。しかし、自然は空気・水・動物・植物などの具体的なものを指すだけではない。それらが、宇宙のリズムと深く結びついていることを忘れてはならない。よって、自然破壊は、生命にとって不可分な宇宙との連関を人間自らが断ち切ることである。自然破壊は、宇宙との連関なしに生きることができない生命を自ら葬ることにほかならない。人間は、宇宙・自然のリズムと一体にならなければ生きていくことができないことを忘れてはならない。

　24時間空調管理された空間で生活すると、寒暖や季節の体験、寒暖に対する調整ができなくなる。温室栽培や養殖が進むと、季節以外にも食することが可能になる。屋内にこもると、太陽光と関わらない生活を送ることになる。外に出ない液晶画面中心の室内生活は太陽光を遮断するだけでなく、自然との交流を遠ざける。これらはいずれも、反自然である。100％自然の生

活は困難なので、自然をどれだけ自分の中に取り込むかが重要になる。

　最下段の「無生物」層は、広く捉えるべきである。「無生物」層は、生命にとってなくてはならない絶対不可欠なものである。よって、図2の階層は人間が自然界の頂点に君臨しているという意味ではない。上下関係ではなく、下層に支えられ、密接に関連している関係である。全ての層が仲間であり、一体である。その証拠に、人間は動植物のみならず、石などの無生物にも心を動かされる。下層にいくほど重要なのに、現代は人間が所属する最上層のみにますます目が向いて、足元をすくわれている。我欲を強め、地球・自然の支配者になりさがっている。生命を考えると、極めて危機的な状況である。教育も、教室に閉じこもって、概念的に思考し、知識（それも識）の蓄積に励んでいる姿は滑稽ですらある。

　狭義の無生物には、生体を構成する酸素・炭素・水素・窒素以外の元素で構成されている化合物である「無機物」と、生物の体内でつくり出されるタンパク質・脂肪・糖質などの「有機物」がある。無機物には、ミネラルのナトリウム・カリウム・カルシウム・マグネシウム・リン・鉄・亜鉛・マンガン・ヨウ素・セレン・モリブデン・クロム・銅などもある。毒と思われている「ヒ素」も、人体には必須の元素である。

　これらのミネラルは、厚生労働省の健康増進法施行規則で摂取が望ましいミネラルとされている。鉄の欠乏は貧血、亜鉛の欠乏は味覚障害・免疫力低下・肌荒れ、カルシウムの欠乏は骨軟化症・歯質低下・骨粗鬆症、ナトリウムの過剰摂取は高血圧・脳卒中のリスクなどが知られるように、ミネラルは人体に不可欠である。30億年を遥かに越える海中生活で、海水に含まれるあらゆる元素を人体に取り込んだと思われるので、人体にあらゆる元素が必要なものとして存在することは驚きではない。

　人体の約60%を占める水も無機物である。人体には、水のほかにタンパク質（約15-20%）、脂肪（約13-20%）、糖質（約1%）、ミネラル（約5-6%）があると言われている。無機物は直接摂取することもあるが、野菜・果物・魚・肉などを通して摂取される。

　以上から、無生物は生物に密接に関連しているし、無生物なくして生きることはできない。人間は「風のささやき」などのように、無生物にも心を見いだしている。心は人間どうしの関わりからも生まれるが、植物・動物・無生物とも密接に関わっていると考えなければならない。図2（19頁）はそれぞれの階が独立して存在しているのではなく、下の階に支えられ、年輪のような関係にある。人間の心は、図2の全体から考えなければならない。

3　植物・動物と「心」

　植物や動物にも感情があるのだろうか。植物は春に芽を出して生長し、夏に花を咲かせ、秋に実を結ぶ。三木成夫はこれを、「生長繁茂・開花結実」と呼ぶ。植物がこのリズムを刻んでいるのは、気温の変化などから季節を感じているからである。感じることを感情とするなら、植物にも感情・心があることになる。

　クマ・ヘビ・カエル・コウモリなどのように、冬眠する動物がいる。冬眠する動物も季節を感じていると考えなければ、冬眠を説明できない。「春眠暁を覚えず」のことわざは、「春は寝心地がよくてつい寝坊してしまう」意味とされる。人間は冬眠しないが、冬眠する動物にとって、春は目覚めの季節である。つまり、パッと目覚めることができない季節、もう少し寝ていたい季節である。人間にとって春は、ほかの季節に比べると寝起きの悪い季節である。寝起きの悪い季節であることは、人間の中にも冬眠の生命記憶が宿っていると考えられないだろうか。地球に生存している全ての生き物は、宇宙・地球のリズムから逃れることはできない。鮭の回遊、渡り鳥の北帰行などなども、季節を感じるセンサーがなければありえない。このように、植物も動物も人間も季節を感じ、季節の影響を受けて生きているのは当然である。

　動物も、強い相手に遭遇するとほえたり、逃げたり、仲間に知らせたりする。子どもを一生懸命世話したり、危険から守ったりする。子どもが見えなくなると必死に探したり、死ぬとそばから離れないで悲しむ。イルカはホ

イッスルやクリックによってコミュニケーションすると言われている。動物にも感情があることを否定する人はいない。

　しかし、動物と人間の感情に共通点も多いが、同じではないと思っている人が多いのではないだろうか。動物の心は体の欲動に従属し、これに動かされているとされる。一方、人間の心は動物にはない精神の働きによって、心が体の欲動から離れて、観得力（体験によって体と心情が融合して感応したものを感知化する能力）と形成力（観得[4]したものを言語・色・形・音・体などで表出する能力）を得たこととされる。動物は感情を認識できないが、人間が感情を認識できるのは動物にはない精神を持つようになったからとされる。

4　植物性器官と「心」[5]

　人間の器官は、「植物性器官」と「動物性器官」に分けられる。「植物性器官」は「栄養―生殖」に関わる器官で、「消化―呼吸系（吸収系）」「血液―脈管系（循環系）」「泌尿―生殖系（排出系）」の3群からなり、「吸収―循環―排出」を営む。その頂点に、「心臓」が君臨する。一方、「動物性器官」は「感覚―運動」に関わる器官で、「感覚系（受容系）」「神経系（伝達系）」「運動系（実施系）」の3群からなり、「受容―伝達―実施」を営む。その頂点に、「脳」が君臨する。そして、三木成夫によると、動物は「感覚―運動」により、欲求に従って、自然の意に関係なく動き回ることになる。その結果、植物性器官である内臓管の壁に筋肉が発達して神経が分布するという、重大な変化、つまり植物性器官に対する動物性器官の支配・介入が起こってくる。

　人間は、心を「感覚―運動」である動物性器官に求めがちであるが、心は植物性器官とも密接な関連がある。このことは、内臓に関わる感情表現が多いことからも明らかである。

　「腹が立つ」「肝を冷やす」「胃が痛い」「腑（内臓）に落ちる」「五臓六腑

にしみわたる」「五臓六腑が煮えくりかえる」「抱腹絶倒」「腹わたが煮えく
りかえる」「腹黒い」「腹をくくる」「断腸の思い」など、植物性器官である
内臓に由来するものが少なくない。

さらに、「喉から手が出る」「頭が固い」「腰が重い」「肩にかかる」「血が
騒ぐ」「筋がいい」「骨身にしみる」「膝が笑う」「手が後ろに回る」「後ろ髪
をひかれる」「総毛立つ」「鳥肌が立つ」「胸が痛い」「心臓に毛が生える」
「首が回らない」「鼻で笑う」「息が合う」「汗を流す」「鼻息が荒い」「一目置
く」「眼を付ける」「体に障る」「腕が鳴る」「面の皮が厚い」「痰を切る」「固
唾を飲む」「額から汗が出る」「血が騒ぐ」「粉骨砕身」「馬耳東風」「足がつ
く」「舌鼓を打つ」「屁でもない」「涙を誘う」「欲の皮」「歯に衣着せぬ」「肉
を切らせて骨を断つ」「背に腹は代えられない」「開いた口がふさがらない」
「尻が軽い」「眉唾もの」「爪を研ぐ」「欲の皮」「指をくわえる」「額に汗する」
など、体に由来する感情表現も多い。

また、ショッキングなことがあると眠られなくなったり、脱毛したり、
胃の調子が悪くなったり、心拍数が上昇したりすることがある。人前に立っ
たり、好きな人に接すると赤面することもある。高熱が続いて体調が悪いと
やる気がなくなったり、体の調子が更に悪化したりする。これらも、心（心
情）が体と密接な関連があることを示している。

心（心情）は、植物性器官と動物性器官で構成され、さまざまな感覚器官
を持つ「体」の働きが重要となる。

5 人間観と「心」

ここでの人間観とは、人間を「体・心（または精神）」（図6、82頁）か
らなるとする考えと、「体・心情・精神」（図7、82頁）とする考えを意味す
る。人間を「体・心（または精神）」とする考えでは、「体」と「心（または
精神）」の二つが、一つの層で並列的に捉えられる。よって、心に関わる全
ての働きが「心（または精神）」という一つの枠内のこととされる。

表1　精神・心情・体の働き

	受容面	実施面
精　神	理解・判断	意志・意欲
心　情	観　得	形　成
体	感　覚	運　動

　一方、人間を「体・心情・精神」とする考えは、「体と心情」からなる生命に後から精神が闖入したとする考えによる。「体と心情」からなる「生命層」と、「精神層」の二階建てになっている。「体・心情・精神」とする考えでは、心情と精神の二つが心に直接関わり、心情と精神が並列ではなく階層になる。

　表1（精神・心情・体の働き、88頁に再掲）では、人間は精神によって心情が目覚め、心情に観得と形成をもたらすとされる。また、精神は理解・判断と意志・意欲をもたらすとされる。

　後から闖入した精神には自我が宿り、その自我には生命と協調・融合する捨我と、生命と敵対し生命を支配する執我があるとされる。執我の正体は、エゴイズムである。

　心の働きが、人間を「体・心（または精神）」とする考えでは心（または精神）によって、人間を「体・心情・精神」とする考えでは心情と精神によってもたらされる。

　教師がどちらの立場に立つかによって、子どもの学びに決定的な差異をもたらす。なお、本書は、人間を「体・心情・精神」とするクラーゲスの考えでこそ、子どもに学びが創造されるとしている。人間観の詳細は、第2章の82－108頁で言及する。

6　非認知能力と「心」

（1）　人格と「心」

　教育基本法の第1条には、下記の枠内のように、教育の目的が書かれている。ただし、文構造に難があるため分かりにくい。英訳にも苦労する。

　第1条の「教育の目的」には、「人格の完成」と「平和で民主的な国家及び社会の形成者として必要な資質を備えた心身ともに健康な国民の育成」の二つの内容があると考えられる。あるいは、「『平和で民主的な国家及び社会の形成者として必要な資質を備えた心身ともに健康な国民の育成』を期して『人格の完成』を目指す」と解釈すれば、一つの内容となる。いずれにしても、「人格の形成」が柱になっている。

> 第1条　教育は、人格の完成を目指し、平和で民主的な国家及び社会の形成者として必要な資質を備えた心身ともに健康な国民の育成を期して行われなければならない。

　目的は到達点なので「目指し」の文言は分かるが、「期して」は「期待する」「誓う」「約束する」などの意味なので、到達点としての目的としては無理がある。さらに、「心身ともに健康」の「心身」が何にかかるのかが分かりにくい。人格は体ではなく心なので、「心身」の「心」が人格に関わることは理解できる。「平和で民主的な国家の形成者として必要な資質」や「社会の形成者として必要な資質」に「心身」が関わるのかは、第1条の文言からは分からない。

　第2条は、第1条の目的を達成するための目標がいくつも掲げられているが、「心身」の「身」に関わる目標は「健やかな身体」と記されているだけである。また、第1条のキー・ワードである「人格の形成」「平和で民主的な国家の形成者として必要な資質」「社会の形成者として必要な資質」「心身

ともに健康」に対応した目標が第2条に書かれていないので、目的と目標の関連が分かりにくい。目的・目標の内容、目的と目標の関連付けに課題がある。

「人格の完成」が教育の主たる目的なら、人格とは何だろうか。簡単に言えば、人格とは人間性、人柄である。成績の優秀さ、運動能力の高さ、経済力、社会的地位などは人格と関係ない。人間性や人柄は、心そのものである。

（2） 非認知能力と「心」[6)]

人間の能力を、「認知能力」と「非認知能力」に分ける考えがある。「認知能力」は、学力・知識・技能・運動能力などの「測定可能な能力」とされる。人間が生きていくためのは、言葉や計算などの認知能力は必要である。認知能力は、一定の概念や計測機器などによって見える化されるので分かりやすい。ただし、概念や計測機器の範囲でしか捉えることができない宿命がある。

また、認知能力の学力・知識（なかでも識）・技能は結果的に「知っているかいないか」「できるかできないか」「上手か下手か」などで判断されることが多い。運動能力も、時間・距離・回数・難易度などで判断されることが多い。認知能力は結果として認知可能なものに重きが置かれるので、取り組みの姿勢などの非認知能力に関わる過程が軽視される。

一方、非認知能力は社会情動的スキルとも言われ、人格つまり心と密接な関連がある。教育の主たる目的が「人格の完成」なので、非認知能力をいかに伸ばすかが重要となる。しかし、日本の教育は学力に関わる識をたくさん覚え、テストでよい点数を取り、いかに偏差値の高い高校や大学に入学できるかに主たる関心があるのは否定できない。

認知的スキル（認知能力）は「知識、思考、経験を獲得する能力」「獲得した知識をもとに解釈し、考え、外挿する能力」[7)]とされるのに対して、社会情動的スキル（非認知能力）は「一貫した思考・感情・行動のパターンに

発現し、フォーマルまたはインフォーマルな学習体験によって発達させることができ、個人の一生を通じて社会経済的な成果に重要な影響を与えるような個人の能力」とされ、「目標の達成、他者との協働、感情のコントロールなどに関するスキルである。」としている[7]。

　非認知能力は人間が生きていくための基盤になるもので、認知能力の土台となり、密接に関連している。

　心に関わる非認知能力の内容には、主体性、意欲（目標への情熱・努力）、好奇心、自信、楽観性、自尊心、自己肯定感、忍耐力、自己抑制、情緒の安定、集中力、持続力、表現力、コミュニケーション力、想像力、創造力、社会性（ルール遵守・相手に対する敬意・思いやり・寛容性、チームワーク・協調性）、丁寧さ、まじめさ、誠実性、責任感、畏敬心、感受性、観得力などがある。

① **OECD による社会情動的スキル（非認知能力）**[8]

・目 標 の 達 成〜忍耐力、自己抑制、目標への情熱（意欲・モチベーション）、注意・集中・持続力、自己効力感、統制の所在、勇気、努力など。

・他者との協働〜社交性・社会的スキル、向社会性、寛容性、信頼、敬意、思いやり、共感、チームワーク、コミュニケーションなど。

・情 動 の 制 御〜自尊心、楽観性、自信、内在化・外在化問題行動などのリスクの低さなど。

② **ビッグ・ファイブによる社会情動的スキル（非認知能力）**[9]

・外　向　性〜社交性、積極性、活発さ、冒険性、熱意、温かさ。

・協　調　性〜信頼、率直さ、利他主義、迎合性、謙遜、共感。

・誠　実　性〜効率、組織、忠実、目標達成への努力、自己鍛錬、熟慮。

・情緒安定性〜不安、いらだち、抑うつ、自意識、衝動性、脆弱性。

・開　放　性〜好奇心、想像力、審美眼、行動（幅広い関心）、興奮性、独創性。

OECDとビッグ・ファイブを比較すると区分や内容に若干の相違はあるが、共通しているものも多い。どちらも、心の中身を表している。ここに示された内容を、教育現場ではどれだけ重視しているだろうか。ここに示された内容の重要性を、頭だけで抽象的に理解するのでは意味がない。教師は非認知能力育成の重要性を理解するとともに、学習場面における非認知能力育成に関わるチャンスを見逃してはならない。例えば、「共感」を考えてみたい。共感を育成するためには、共感が生まれるための学習活動がなければならない。認知能力の育成に目を奪われて、せっかくの共感を育む機会を逸してはならない。

学習指導案に書かれる目標は、「○○ができる」「△△が分かる」のように結果に関わるものが圧倒的に多いが、結果よりも過程が重要ではないのか。学習過程における、集中力・チームワーク・表現力・想像力・感受性などの非認知能力に関わる目標をもっと重視すべきである。非認知能力に関わる目標を掲げることによって、教師が学習活動における非認知能力の育成に意識が向くと思われる。

認知能力の獲得に重点が置かれている現状の日本の教育から、非認知能力を重視する教育へのコペルニクス的転回が求められる。

7 自我と「心」

自我は、他者と異なる「知覚・感情・認識・思考・意志」を持ったり、他者と異なる「知覚・感情・認識・思考・意志」に基づいて行為する自分を指している。人間は考えたり行動したりするが、自分と他者とは異なる。自我は、精神としての心そのものである。

クラーゲスは、人間の生命は「体と心情」からなり、後からその生命に「精神」が闖入したとしている。精神には自我が宿り、自我の本質は意志にあるとしている。そして、自我には自我にとらわれる執我と自我から解放される捨我の両極性があるとされる。さらに、執我の本質はエゴイズムにある

としている。自我における心は精神そのものなので、教師における精神の在り方が子どもの学びを決定的に左右する。

　非認知能力からは、人間の心にどのような内容があるかが分かる。一方、人間の精神を捨我と執我からなるとする考えでは、自我（精神）を動向から捉えている。教師の心の在り方を考えるうえで、自我（精神）が捨我と執我からなるとする考えは、避けて通れない極めて重要な提起である。

　教師が自身の「教育観・思考観・人間観・基準・知識」にこだわらない捨我によって、他者や自然と融合し、子どもの生命も解放されて躍動する。一方、教師が自身の「教育観・思考観・人間観・基準・知識」にこだわる執我によって、他者や自然に閉ざされ、子どもの生命が拘束されて脅かされる。

　表2（動向の体系、96頁に再掲）から、捨我と執我の違いを理解するとともに、執我を克服し、教師の言動から捨我が自然とにじみ出なければならない。自我の詳細は、第2章93−108頁で言及する。

8　観得と「心」

　「観得」は辞書に載っていないので、聞きなれない言葉と思われる。人間が「体・心情・精神」からなるとするクラーゲスによると、心は動物にもあるが、人間は精神によって心情が目覚めたとされる。観得は心情の受容面であり、心情の実施面が形成とされる。形成されたもの、例えば文学・絵画・音楽などによって、追体験することも可能になる。

　前項では、教師の精神が執我でなく捨我でなければならないことに言及した。執我を克服するためには、心情を豊かに育まなければならない。

　人間は体験によって形象に触れると、ある威力が感応してくる。この感応（性情）の受容されたものが観得とされる。受容は感知化であり、他者化である。観得するためには、頭で概念的に考えるのではなく、生命（体・心情）で感じなければならない。

　なお、形象は視覚的に確認できる色や形ではない。絶えず変化・更新し

表2　動向の体系（捨我と執我）

捨我（解放）	執我（拘束）
精神的動向	
1′ 感激性能 　a　真理渇望、認識欲 　b　造形衝動 　c　適正愛、誠実、忠実	1　理性性能 　a　理論理性性：事理性、批判 　b　美的理性性：様式欲求 　c　倫理理性性：義務感、良心、責任感
個人的動向	
2′a 自発的捨我 　　郷土愛・動物愛等、情熱、讃歓、崇拝 　　喜捨、献身、自由衝動、エロス・アガペー	2a 自我拡大傾向（自発的エゴイズム） 　　行動欲、攻撃欲、自利、取得欲、支配欲、 　　名誉欲、虚栄、「エゴイズム」、自己表示欲
2′b 受動的捨我 　　親切、善良、温かみ、忠実、柔和、静観	2b 保身傾向（受動的エゴイズム） 　　慎重、不信、心配、虚偽、自己評価欲、 　　警戒、打算、恐怖
2′c 反応的捨我 　　関与、同情、諦観	2c 個人我復旧動向（反応的エゴイズム） 　　我意、反抗、頑固、気を悪くしやすい、羨 　　望、復讐心、嘲笑癖、意地悪な喜び、邪推
3′a 精神的拘束の不足 　　愚行、無知	3a 感激性の不足 　　味気ない、冷たい、乾燥、残忍
3′b エゴイズムの不足 　　無私、我慢、謙遜、気楽	3b 愛の性能の不足 　　冷酷、無関心
4′ 官能的捨我 　　生の衝動、性愛、陶酔	4　官能的享楽欲 　　欲動昇華、快楽欲、欲動変質
5′ 自制の不足 　　無節度、無拘束、パニック	5　自制 　　節制、克己、抑制、堅固
情熱 ― 畏敬　　　　　基本情調　　　　　能動性 ― 確信 矜恃 ― 謙虚　　　　自我感情の両極　　　　自負 ― 自棄 明朗 ― 気鬱　　　　　気分の両極　　　　成功の快 ― 無力	

続ける森羅万象の生命的な現象である。その形象を体験によって観得するためには、先入観や概念などにとわれず、ありのままに共感的に感応し、感知化・他者化しなければならない。

　教師も、観得力を磨かなければならない。教師には、授業における子どもの姿を教師の先入観や価値観なしにいかにありのままに感知できるか、そして、感知したものをいかに教師の言動として形成できるかが問われる。

「観得」の詳細は、第2章88–92頁で言及する。

9 思考と「心」

思考は、心の重要な柱の一つであり、教育にとっても避けて通ることができない。教師自身の思考観が教育を決定的に左右するにもかかわらず、思考観が議論の対象になることはない。

それゆえ、大半の教師は思考が「指示的思考」と「概念的思考」に大別できること、まして、学びを創造するためには指示的思考でならなければならないことは理解できないと思われる。

そこで、思考観の検証を教師自身はもちろん、授業研究会などあらゆる機会にする必要がある。

思考の意味は、「『体』と『心情』からなる生命を躍動させながら、生命と『精神』が一体となって思いを巡らしながら深く考え認識する過程」（116頁）である。思考の詳細は第2章116–130頁で言及するが、ここでは要点を抜粋・修正して再掲する。

（1） 指示的思考

指示的思考の特徴は、多様かつ複雑で、変化・更新し続ける現実に対する共感が指し示すまま、ありのままに認識することである。

目に見えないもの、説明できないもの、測定できないもの、規定できないものも含めて、感覚を動員しながら現実をありのままに感応・感知（観得）して、認識するのが指示的思考である。

指示的思考は、生命と現実と一体化し、形象の意がまるごとありのままに認識可能になる思考である。認識は生命の働きである心情の観得によって、現実の形象の意に開かれていく。教師自身も指示的思考で子どもと接すれば、連続・更新し続ける学習活動における現実（いま、ここ）の事実をありのままに認識することができる。

　指示的思考は体験によってもたらされ、現実との連関が保ち続けられる。指示的思考は多様かつ複雑で、変化・更新し続ける現実と一体となって、刻々と変化する現実をありのままに受け入れるので、「生命と結合・融合・協調する思考」である。

（2）　概念的思考

　概念的思考は、現実から分離され、概念化された分だけ認識可能になる思考である。概念化するのは、精神の働きである。教師が概念的思考で子どもに接すると、教師の「教育観・思考観・人間観・基準・知識」で子どもを拘束することになる。つまり、教師の「教育観・思考観・人間観・基準・知識」というフィルター越しに子どもが認識される。

　概念的思考では、概念化された瞬間に思考が生命と現実（いま、ここ）から分離され、虚構のものになる。そして、現実の形象から現象を可視化したり、説明したり、測定したりする対象化によって、現象が概念化・形式化・数値化され、一人歩きする。概念的思考は実在しない特定の概念で認識されるので、抽象的・一面的・部分的・形式的になる宿命がある。

　概念的思考の最大の弊害は、自我によって多様かつ複雑で、変化・更新し続ける現実の全体から一部のみ取り出すことによって多様な全体性を失い、概念的・部分的・一面的・形式的・抽象的になることにある。概念的思考はありのままかつ共感的に現実を感受するのではなく、概念的に把握したり、自然科学的に仕掛けや仕組みを解明することが重視される。

　概念的思考は特定の概念で切り取ってしまう宿命があるので、多様で変化する生命を捉えることはできない。よって、概念的思考は「生命と敵対し、生命を支配・拘束する思考」である。

　以上から、教師が子どもの活動の意味を「○○である」と概念的に判断した途端に、「○○」以外の判断を切り捨てることになる。

　人間は教師に限らず、概念的に判断する傾向が根強くあることは否定できない。子どもの活動の意味を、教師が一方的に決めつけてはならない。概

念的に判断することにブレーキをかけ、子どもの活動の意をありのままに認識する努力が求められる。

　そのためには、教師の精神が概念的思考を支える執我でなく、指示的思考を支える捨我でなければならない。執我と捨我の詳細は、第2章（93-108頁）で言及する。

10　知・徳・体と「心」[10]

　1977年の学習指導要領に「知・徳・体 調和のとれた人間性豊かな児童・生徒の育成」とあるように、「知・徳・体」が前面に打ち出され、道徳教育や体育が重視される。1998年の学習指導要領でも、基本的な考え方で「生きる力」を「知・徳・体 のバランスのとれた力」とし、「知・徳・体」を重視している。2017年に改訂された現在の学習指導要領でも、基本的な考え方に「知・徳・体 にわたる『生きる力』」とある。このように、1977年・1998年・2017年を比較すると「調和のとれた」「バランスのとれた」「わたる」の違いはあるが、「知・徳・体」を重視していることに変わりはない。国の方針を受けて、「知・徳・体」を重要なキー・ワードに掲げている教育委員会も少なくない。「知・徳・体」の「知・徳」が、心に直接関係しているのは言うまでもない。

　「知・徳・体」をプラスに捉えるにしても、「知・徳・体」は調和したり、バランスをとるものではなく、それぞれが大事である。文部科学省もそのことに気づいたのか、「知・徳・体の調和（1977年）」や「知・徳・体のバランス（1998年）」の表記を、「知・徳・体にわたる（2017年）」に変えている。

　第二次世界大戦中、教育勅語を通して皇国民の錬成を目的とした国民学校に関わる、文部省から出された訓令第9号（1941年3月29日）2項の見出しに「知徳相即心身一体ノ修練道場タルベキコト」とある。ここでの「知」は教師によって教えられる「知識（それも識）」、「徳」は「儒教的徳目」、「心身」は心ではなく「鍛錬的な身体」であることは明らかである。

　身体は、記録や順位のために鍛錬するものではない。鍛錬することによって勝つことが目的になり、勝者（メダリスト）が賞賛される。鍛錬や勝敗には、自分自身の身体との対話はみじんもない。体育の成果発表の場である運動会・体育祭の種目が、徒競走・リレー・障害物走・持久走などの速さを競う種目、玉入れ・騎馬戦などの残った数を競う種目になっている学校は依然として多い。学校教育が「豊かな心」や「主体的な学び」などを重視しているのに、残念ながら、それが反映された運動会・体育祭をあまり見たことがない。旧態然とした種目がはびこっている理由は、第一に、従来からの種目を踏襲したほうが教師にとっては楽だからであろう。次に、「豊かな心」や「主体的な学び」を反映した新しい種目を考える必要性を感じていないとともにその能力もないからであろう。さらに、従来からの種目を踏襲しても批判されないことも考えられる。躍動する園児の身体表現に感動したことがあるので、教師にその気があればできないことではない。

　本書は「体育」についてこれ以上言及しないが、鍛錬ではなく魂を吹き込むことを重視した、リズム体操で知られるルードルフ・ボーデの理論・実践に着目しないわけにはいかない。また、身体の動きを手がかりに人間とは何かを探検し続けた、野口体操で知られる野口三千三の理論・実践にも注目したい。ルードルフ・ボーデと野口三千三の文献は、224－225頁参照。

　クラーゲスの考えに照らせば、1941年文部省訓令の「知・徳・体」は執我そのもので、子どもの主体性のかけらもない。教育に「知・徳・体」が登場するのはこのあたりからと思われる。今から、80年ほど前である。これを遥か昔のことと思うか、つい最近のことと思うか。今日なお使われていることを考えると、昔のことにしてはならない。現在の「知・徳・体」は戦前と違うと主張する人がいるかもしれないが、戦後75年も経つのに、戦前の教育に端を発し、教育勅語に根差した「知・徳・体」が亡霊のように脈々と生きているからである。

　「知・徳・体」はその捉え方によって、子どもにプラスにもなればマイナスにもなる。子どもにプラスになるとしても、「生きる力」が「知・徳・体」

だとは思わない。教育が目指すものが、「知・徳・体」や「生きる力」だとも思わない。

　学習指導要領が掲げている3つの柱に対する議論は保留するが、少なくとも「知・徳・体」では、現在の学習指導要領が掲げている「新しい時代に必要な資質・能力」に掲げている3つの柱「知識・技能（何を理解しているか、何ができるか。）」「思考力・判断力・表現力（理解していること、できることをどう使うか。）」「学びに向かう力、人間性など（どのように社会・世界と関わり、よりよい人生を送るか。）」を表すことはできない。せめて、3つの柱を体現する用語を別途考えるべきである。

　「知」は「本物を見通す」意味なので、学校は多くの識を習得する「物知り博士」を育てる場所ではない。本物を見通すことができる知を育むためには、物事をありのままに受容できる観得力と思考力及び表現力が重要である。ここでの「思考力」は、概念の枠でしか捉えることができない概念的思考ではなく、全体をありのままに捉えることができる指示的思考でなければならない。「表現力」は、観得したものを形成する能力と捉えなければならない。

　教育が本質的に目指すべきは、「知・徳・体」「生きる力」「知識・技能、思考力・判断力・表現力」「学びに向かう力・人間性等」ではなく、我欲（執我）を克服し、自然と対話・共存しながら個性を発揮して豊かにクリエイティブに生きていくために欠かせない観得力・形成力・指示的思考力である。知識（それも識）の蓄積よりも創造的な活動を重視し、観得力・形成力・指示的思考力を育み、我欲（執我）を克服する教育に大転換しなければならない。観得力・形成力・指示的思考力の育成によってのみ、豊かな社会・豊かな文明を創造していくことが可能になる。

　残念ながら、人間の精神の働きである我欲（エゴイズム）が、人間の生命（体・心情）を支配して脅かすとともに、あらゆる生命・自然・文明・社会を破壊し続けている。

　人間が豊かな自然を取り戻し、豊かな社会・豊かな文明を取り戻すため

には我欲を克服しなければならない。我欲の克服こそ、教育の最重要課題であり、目指すべき道である。我欲を克服するためには、表6（96頁）及び表8（107頁）の「捨我」、表9（111頁）の「する活動」表10（122頁）の「指示的思考」に根差した教育を推進しなければならない。

　「我欲の克服」に比べたら、「知・徳・体」「知識・技能」「思考力・判断力・表現力」「学びに向かう力・人間性」は各論にすぎない。「知・徳・体」「知識・技能」「思考力・判断力・表現力」「学びに向かう力・人間性」のような資質・能力をいくら育んでも、我欲をもたらす精神の働きである執我を克服できなければ砂上の楼閣と化す。

　そもそも、国や教育委員会は「知・徳・体」に問題があるとは思っていないと思われる。「知・徳・体」の意味を深く考えることなく、単なる標語として使っていると思われる。使うなら、その意義を詳しく説明できなければならない。「知・徳・体」をどのように考えるかは、教育を左右する核心的な問題である。問題の多い「知・徳・体」をいまだに重要と考えて引きずっているようでは教育や社会に未来はない。「知・徳・体」の見直しが急務である。

11　知情意・真善美と「心」

（1）　知・情・意

　「知・情・意」は、プラトンによって提起され、カントによって確立されたとされる。一般的に「知・情・意」の、「知」は「知性・知識」、「情」は「感情」、「意」は「意志・意欲」を示し、「知性」の働きが、「思考・認識」とされる。いずれも「心」と深く結びついている。

　クラーゲスは「知・情・意」を、「知・意・情」に並び順を変えている[11]。「情感（感情）」が「欲意（意欲）」より生命層に近いからではないかとしている。つまり、情としての情感（感情）は人間の自我が生命（体・心情）と関わることによって生まれ、意としての欲意（意欲）は生命に関係なく自我

から発し、知としての思考は自我そのものの働きによるとの考えによる。

　また、「知・意・情」はそれぞれ独立して存在することができない。欲意（意欲）も情感（感情）も、自我との関わりがある。このように、「知・情・意」は並列するものではない。

　動物には自我がないので情感（感情）そのものだが、人間の自我が生命との関わりで生まれる情感（感情）は、心情（観得）そのものである。情を育むことは、心情の観得力を育むことである。また、意志・意欲は肯定的に捉えがちだが、生命を脅かす原動力になることに留意しなければならない。意志・意欲が、エゴイズムとつながらないようにしなければならない。さらに、知としての思考には肯定的なイメージがあるが、教育が目指す思考は概念的思考ではなく、指示的思考でなければならない。

　「知・情・意」を支える自我が執我か捨我によって、「知・情・意」に決定的な差異をもたらす。「知・情・意」を育むためには、自我にとらわれる執我ではなく、自我から解放された捨我でなければならないのは言うまでもない。

（2）真・善・美[12)]

　「真・善・美」のほかに、類似した「真・善・美・聖」もある。「真・善・美」はプラトンに、「真・善・美・聖」はヴィンデルバントに端を発するとされる。「真」は「認識」に、「善」は「倫理」に、「美」は「審美」に、「聖」は「宗教」に関わる理想像とされる。「真・善・美・聖」のいずれも、心と深く結びついている。人間誰しも理想を求めることは間違いではない。ただし、教師が理想に近づけようとすればするほど、執我が強まり、子どもの生命を脅かしがちであることを忘れてはならない。

　「真」は「認識」なので、「知・情・意」の「知」の働きである「思考」に関わる。「真」で重要なことは、概念的思考ではなく指示的思考でなければ物事の本質に迫ることができない。「真」に迫るためには、ただ認識を高めればよいというものではない。教師の思考観が鍵を握っていることを忘れて

はならない。

　プラトンは現実を否定的に捉え、正義によって理想（カロカガティア）に
到達できると考えたとされる。感覚的なものや経験的なものよりも、数学的
なものや悟性（精神）を重視したとされる。魂の本質を、知性である思惟能
力（精神）に求めている。プラトンによるカロカガティアの問題点は、精神
で体や心情を支配、一致させようとしたことにあるとされる。プラトンは、
心情を分裂的に把握し、かつ精神と魂（心情）の同一視が見られるとされ
る。

　デカルトも、感覚的（心情）世界を体系的に否定したとされる。有名な成
句「我思う、ゆえに我あり」の「思う」は意識全般ではなく、感覚・表象・
情感であるよりは、気づかれた感覚・表象・情感とされる。感覚的なものは
把捉不可能なものとして否定され、判断・認識・把捉可能なもの、明晰に知
覚可能で、高次化・理念化された悟性に価値を見いだしている。意志や意
識、知性、合理性や効率が重視され、自ずと心情や意識できないものは軽視
される。この思想こそ、おごり高い物質文明、自然破壊の原動力になろうと
は知るよしもなかったと思われる。

　概念的思考は、概念の枠内でしか捉えることができない。直感は、概念
と対極の世界である。ノーベル賞受賞者は、発明のヒントを直感（ひらめき）
からもたらされたと話す人が少なくない。本書も、寝しな、車の運転中、入
浴中、食事中などにひらめくことが多かった。これらの時間は、概念的思考
から解放された時間である。このような人が多いのではないだろうか。

　教育で大切なことは、理想の下に教師が精神（執我）で子どもの生命を
支配しないことである。理想という枠に、子どもの心情や主体性を無視して
押し付けるのは避けなければならない。教師は、理想の下に、正論・たてま
え・正義を振りかざしてはならない。捨我によって、子どもという生命が発
する声に耳を傾けながら、観得力・形成力・指示的思考力を育むことが重要
である。

　芸術作品を例にとると、精神（執我）によって理想を追求した作品より

も、心情の観得が開花して形成された作品のほうが美しい。「真・善・美」は、意志を強めて追求すればするほど理想から遠のく。「真・善・美」は、捨我の下で主体的に取り組んだ結果として生まれるものと考えなければならない。

12　情操と「心」[13]

　教育基本法の目標に関わる第2条と、学習指導要領の音楽と図画工作・美術の目標に「豊かな情操」が出てくるが、「情操」を詳しく説明できる教師はいるだろうか。大半の教師は「情操」に対して、漠然としたイメージしか持っていないと思われる。

　「豊かな情操」は、歌や演奏が上手とか、絵がうまいなどではない。人格の形成、つまり「心」に関わるのは言うまでもない。後述するが、教師は考えが、伝統的な「感情高次化・理念化説」か、それとも「心情・心情成育説」かによって、子どもの心の育成に大きな差異をもたらすことを自覚しなければならない。

（1）　漢字「情操」の意味

　「情」は、「心」を表す「忄」と音符「青」による会意兼形成文字である。「青」は、青い草の芽生えを表す「生」と井戸の中に清水がたまったさまを表す「丼」による会意兼形成文字で、清く澄みきったエキスを表す。よって、「情」は「心」と「青」を組み合わせて、「心の動きをもたらすエキス」、つまり、「心そのもの、心の動き、感情」となる。

　「操」は、「手」を表す「扌」と音符「喿」による会意兼形成文字である。「扌」は、うわついてせわしいことを意味する。「喿」に「手（扌）」が添えられて、手先をせわしく動かし、うわべをかすめてたぐる意味になる。転じて、「手先でたぐり寄せて、うまくさばき、あやつる。」が原義となる。ちなみに、「操」の読み方は「そう」「あやつ（る）」「みさお」「と（る）」である。

以上から、「情」と「操」からなる「情操」は「心をあやつる」意味になるので、「豊かな心」を意味する言葉としてはふさわしくない。Sentimentの訳語「情操」が定着する前の訳語、「情思」「情想」などがふさわしいと思われる。

なお、「情操」は中国の古典にないようなので、和製漢字と推測される。

（2） 用語「情操」の定着過程

佐々木正昭は、用語「情操」を次の5つに整理している。（「情操という用語の起源と定着過程についての考察 ― 明治期心理学を中心に ― 」、『大谷学報 第60巻第2号』、大谷大学大谷学会、1980、pp.40-52）。

① 「情操」は、明治11年、西 周による哲学・心理学の専門用語 sentiment の訳語として広まり、明治20年代半ばまでに定着した和製漢字である。

② 明治24年以降は、「情思」「中情」「情想」などの訳語が姿を消している。

③ 「情操」は心理学用語を装っているが、教育上涵養すべき最高位の情として、思弁的に明治初期の教育応用的心理学の中で説かれたもので、本来は哲学用語とみるべきである。

④ 心理学が独立性と科学性を強めるにつれて、概念の曖昧さから主要な関心事にならず、単に感情の一部として極めて記述的に記されるか、無視されるようになる。

⑤ 明治20年代以降、哲学や心理学の手を離れて、教育（学）上の用語ないし徳目として重視されていく。

千谷七郎は、 sentiment には「感情の高次化つまり、心をある理念や精神に繋ぐ」という伝統的な概念があるとしている（「人間存在と情操」、『遠近抄』、勁草書房、1978、pp.112）。そして、伝統的概念にデカルト、カント、シラー、の流れを読み取っている。西村嘉彦も、「サンチマンなる名辞は、フランスにおいては17世紀にデカルト学派と共に登場している」（「感

情の世界」、『人文研究　第14巻第3号』、大阪市立大学文学会、1963、p.34)
と、デカルトに源流があるとしている。

　以上から、「情操」の原語「sentiment」そのものが「豊かな心」にふさ
わしいとは思わない。よって、「情操」なる用語はスタート地点から、問題
を抱えていたことになる。

（3）　教育行政における「情操」の扱い

　「情操」は、昭和33年、42・43年、51年の教育審議会答申や、昭和62
年の教育改革推進大綱及び臨時教育審議会答申の総括目標等にうたわれてい
るが、二義的であり、道徳的かつ装飾的な意味合いが強い。

　「情操」は昭和51年の教育審議会答申以降、「豊かな情操」に統一され
る。しかし、昭和62年の教育審議会答申では「豊かな心」や「感動する心」
が登場する。

　小学校・中学校の平成元年学習指導要領の目標は、音楽、図画工作・美
術で「豊かな情操を養う」になっている。一方、養護学校（精神薄弱）の平
成元年学習指導要領では、音楽になくて、美術にのみが「豊かな情操を養
う」になっている。養護学校（精神薄弱）の音楽と図画工作の目標に「豊か
な情操を養う」がないのは、「情操」を感情が高次化・理念化したものとと
られる伝統的な情操観によるものと考えられる。

　平成29年告示の学習指導要領（全面実施が小学校が令和2年、中学校が
令和3年）の目標は、小学校の音楽・図画工作、中学校の音楽・美術、特別
支援学校（知的障害者）小学部の音楽・図画工作、中学部の音楽・美術、こ
れらの全てが「豊かな情操を培う」になっている。

　平成元年と平成29年の間には、平成11年と平成20年の2回改訂されて
いる。平成元年と平成29年を比較すると、「養う」が「培う」に改められ、
「豊かな情操を養う」が「豊かな情操を培う」になっている。さらに、看護
学校（精神薄弱）の小学部の音楽・図画工作、中学部の音楽になかった「情
操」が、他と同様に「豊かな情操を培う」として登場している。

　「養う」を止めたのは、「養う」だと「食物を与えて力づける」「めんどう
をみて育てる」意味になるからだと思われる。しかし、「培う」は「土をか
けて育てる」「草木を栽培する」意味なので、「培う」もよいとは思わない。
まだ、「成長させる」意味の「育む」や、「成長する、育つ」意味の「成育」
が望ましいと思われる。

　情操が心の在り方に関わるなら、音楽、図画工作・美術の目標にのみ掲
げるのは理解できない。全ての教科の目標に掲げるべきである。音楽、図画
工作・美術の目標のみに掲げているのは、情操は芸術のみ対象になると考え
ているからだと思われる。ならば、文部科学省は、情操を音楽、図画工作・
美術の目標にのみ掲げている理由を解説などで説明すべきである。

　また、学習指導要領解説には、心に関する言葉として、情操、感性、情
感、心情、人間性、豊かな心、精神、心、感情などが出てくる。これらの言
葉をどのように使い分けているのかが、よく分からない。その理由は、これ
らの言葉の定義があいまいだからと思われる。これらの言葉の定義があいま
いなのは、心そのものの考えや、心と密接に関わる教育観・人間観が理論的
に整理されていないからであろう。

（4）　2つの情操観

　情操の考え方は、伝統的な「感情高次化・理念化説」と、「心情・心情成
育説」の2つに大別できると考えている。「感情高次化・理念化説」と「心
情・心情成育説」のネーミングは、筆者による。

　情操を「感情の高次化・理念化」とする考えはデカルトに、一方、「心
情・心情成育」とする考えは、クラーゲスに基盤を求めることができる。

1）　感情高次化・理念化説

　感情高次化・理念化説と思われる「情操」の考えを、以下、抜粋してみた
い。アンダーライン（心情・心情成育説も）は、筆者による。

『小学校指導書 図画工作編』昭和53年5月版

「感情には他の動物とも共通する本能的、自己本位の情動的なものから、

人間だけに備わっている高度の情操までいろいろの段階がある。児童にはまだ情動的なものが多く残されているが、年齢とともに情緒が安定するようになり、種々の人間文化に触れることにより情操が高まっていく。」

『中学校指導書 美術編』昭和53年5月版

「情操は特定の対象に対する感情の傾向で、永続的で、人間の基本的な在り方や、人間の精神の全体的な在り方に深く関わるものである。それは、より良いものを求める行為に伴う感情の積み重ねによってできるもので、知的にも洗練され、理性と意志に支えられた高次な感情とも言われる。豊かな情操は、美しく良いものへの感動を深め、高い価値に触れることによって養われるものである。」

『中学校学習指導要領解説 美術編』平成29年

「情操とは、美しいものや優れたものに接して感動する、情感豊かな心をいい、情緒などに比べて更に複雑な感情を指すものとされている。」。また、「…知性、感性、徳性などの調和の上に成り立ち、…」との記述もある。

　なお、平成元年版の『中学校指導書 美術』では、「感情には他の動物にも共通する本能的、自己本位の情動的なものから」が削除され、「意志」が「自由な精神」に置き換えられたのは注目しなければならない。依然として、情操を「感情の高次化」としているものの、情操は感情を意志に基づいて引き上げ、高めるものではなく、「自由な精神」と「主体性」に根差した、自らの高まりによるという質的転換の芽を読み取ることができる。

指導書・解説以外

　『道徳教育 情操』（佐藤俊夫・古島　稔編著、東洋館出版社、1966、pp.5-6）に「情動に比べて、純化され昇華された高級な感情」「情動のように衝動的な、断片的な、偶発的なものではなくて、あるひとりの人格の基底として安定したもの」とある。

　「情操とは何か」（北村晴朗、『兒童心理 第14巻第9号 特集 新しい情操教育』、金子書房、1960、pp.1-12）に「精神的感情」「相当の発達や知的教養の基礎が必要なので、高等感情とか知的感情とか呼ばれる」「情動よりも

高次なもの」とある。

『乳幼児発達事典』（黒田実朗監修、金子書房、1977、p.228）に「急激に一過的に生じる情緒または情動と区別される」「心理・生理的な原初的情緒という一方の極から、人格の発達とともに知性の働きが加わることによって、情操という他の極へ推移していく。」とある。

以上から、伝統的概念の「感情高次化・理念化説」によると、「感情（情動・情緒）」は大脳辺縁皮質で営まれ、幼稚かつ自己本位で、衝動的、爆発的、心理・生理的、断片的、一過的、偶発的なものとして排斥され、昇華の対象になる。一方、「情操」は大脳新皮質で作り出され、感情が高次化、複雑化、理智化、持続（永続）化したもので、相当の発達や知的教養が必要であり、理性と意志に支えられたものとしている。そして、知（論理）的情操、芸術（審美・美）的情操、道徳的情操、宗教的情操に区別される。

伝統的概念である「感情高次化・理念化説」の特徴から、教育では、「感情は幼稚・自己本位・衝動的・生理的・一時的なものだから、知性と意志によって価値（自我）感情に高めなければならない。」となろう。感情を高めるために、子どもを理想や目標に引き上げることが教師の使命になる。

2）心情・心情成育説

千谷七郎は（「人間存在と情操」、『遠近抄』、勁草書房、1978、pp.111-129）、情操を「心或は情、或は心情の指導」「心情教育」「心を或る理念や精神に繋ぐとか、或はそれらによって指導する意味ではなく、人間の心そのものの育成、発展を目指すことである。」としている。

岡崎義恵は（『情操の歴史』、支倉書院、1946、pp.5-6）、「意志的なものをそれ程重大視せず、やはり偽らざる感情を尊んだやうである。」「深く古代人の生活に根差し、強く生活を導いて行くような恒常的で統一的な感情 — 即ち情操と呼んで然るべきもの」「古代日本人の認識や倫理や美意識や信仰のすべてを浸す情的根源力を指しているようである」「古代日本人の精神的基調をなしたような、高尚な情操を見出してゐる。」としている。

以上から、心情・心情成育説では感情の高次化・理念化・精神化が否定

され、心情そのもの及び心情の成育が重視される。

　「心情・心情成育説」の特徴から、教育では、「精神は生命を脅かすものだから、精神と体をつなぐ心情そのものの成育によって、精神と生命の調和を図らなければならない。」となろう。育むためには、精神のありよう、心情の観得と形成が重要になる。

3）2つの情操観の背景

　「お腹が空いた」「足が痛い」「おいしい」「いやな匂いがする」「死に遭遇すると悲しむ」などの感情は、人間にも動物にもある。ノーベル賞受賞者にだってある。これらの感情には、低次も高次も複雑もない。よって、伝統的概念で、情操を感情を高次化・理念化・精神化したものとしているのが理解できない。「足が痛い」を例にとると、どのような状態が感情で、どのような状態が情操なのだろうか。

　結論を言えば、2つの情操観の違いは人間観の違いによると考えられる。「感情高次化・理念化説」の人間観は、人間を「体と心」と捉え、心をしっかりさせることが求められる。ここでは、「心」と「精神」の同一視が見られる。そして、「心」を「精神」で理想・目標へと支配・コントロールできるとする。「感情高次化・理念化説」は、「情操」を「真・善・美」或いは「真・善・美・聖」に対応させる。「真・善・美」は 39−41 頁、「目標」は 170−182 頁参照。また、情操は「知・情・意」の「情」と結びついている。「知・情・意」は 38−39 頁参照。

　一方、「心情・心情成育説」の人間観は、人間を「体と心情と精神」と捉える。心情（心）はありのままなので、しっかりしようがないとする。しっかりしなければならないのは、心情（心）ではなく精神になる。なぜなら、精神は「体と心情」からなる生命と対立する関係にもなれば、協調する関係にもなるからである。精神が生命と対立するときは、自我が精神に強く働きかけても改善しない。そこで、心情を豊かに成育することによって、生命と対立する精神から、生命と協調する精神になることを期待するしかない。心情を豊かにすることは、心情の機能である「観得」と「形成」を高めること

である。

「感情高次化・理念化説」を支えるのは、精神が「執我」の状態である。一方、「心情・心情成育説」を支えるのは、精神が「捨我」の状態である。「執我」と「捨我」は、93－108頁で言及する。

さらに、「感情高次化・理念化説」における思考は「概念的思考」である。一方、「心情・心情成育説」における思考は「指示的思考」である。「概念的思考」と「指示的思考」は、117－130頁で言及する。子どもに「情操」を育むためには、第3章（131－208頁）も重要である。

13　五蘊と「心」

仏教といっても、変遷し、多様である。その仏教の本質に言及できる能力は持ち合わせていないが、よく知られているいくつかの言葉について考えてみたい。

「無常（諸行無常）」は、万物（現実の諸形象）は常に変化（生滅流転）する意味とされる。そこから、全ての生きとし生けるものに対する思いが導き出される。「万物は常に変化する」「生きとし生けるものに対する思い、生命愛、敬虔の念」は重要である。なぜなら、ここには人間（執我）が世界を支配するという思想はなく、生命性が重視されていると考えられるからである。なお、「無常」は「苦」及び「無我」とともに「三相」とされる。「苦」は、万物は苦しみや悩みであるとされる。「無我」は、万物は固定されたものはないので、自分（我）に所有できるものはないとされる。自分に所有できるものはないということは、所有欲である「執我」からの解放を意味している。「三相」は、「万物は『三相』である」とする仏教の根本思想とされる。

「五蘊」は仏教用語で、「色」「受」「想」「行」「識」の5つによって人間の生命活動が成り立っているとされる。

「色」は「色」とか「色情」でななく、声（音）・香・味・触などの五感

の質性の全てを意味するとされる。五感の一つである視覚によって色や形を確認できるので、「色」に代表させたと思われる。感覚器官を持つ体そのものとされる。「受」は、感情や情感などの感受作用を意味する。「想」は、知覚・表象作用とされる。「行」は形成するための能動的な意志作用で、「受」と「識」の中間の過程とされる。つまり、「感受」と「判断や認識」の中間、「判断や認識」の準備段階とされる。「識」は、区別・識別・判断・認識を意味するとされる。「五蘊」の中の「色」が「体」と、「受」「想」「行」「識」が「心」と密接に関わる。

　「五蘊」には実体がなく（五蘊皆空・五蘊無我）、煩悩の源ともされている（五蘊盛苦）。「五蘊無我」は、仏教の根幹とされる。煩悩の数は、108、1桁、4桁などあるとされる。108とするのは俗説で、たくさんあることを数にたとえているにすぎない。そして、「貧（とん）（貪欲）、瞋（じん）（怒り・憎しみ）、痴（ち）（愚痴）」の「三毒」が煩悩の根源とされる。

　また、「眼（視覚）・耳（聴覚）・鼻（嗅覚）・舌（味覚）・身（感覚）・意（意識）」の「六根」は、感覚を生んで迷いをもたらすものとされる。煩悩の元となる。そして、この煩悩である六根を修行などによって克服する「六根清浄」がある。

　煩悩を絶って悟り（正覚・涅槃）を開くための基本的な修行として、「戒・定（じょう）・慧（え）」からなる「三学」がある。「戒」は「戒律。身口意の三業による三悪を止めて善を修する」、「定」は「禅定（精神統一）を修める」、「慧」は「正しい智慧を身に付ける」を示す。「戒律」は生活上の規律で、道徳的な性格を持つ。なお、クラーゲスは涅槃思想を鋭く批判しているが、千谷七郎は、涅槃思想は真の仏教に含まれないことを文献学的に証明している[14]。

　以上から、仏教の「生命性重視」や「自我（執我）への着目」には注目しなければならない。また、仏教は人間に苦しみや悩み（煩悩）があるとし、煩悩を克服するために修行が励行される。煩悩は我欲なので、「執我」によってもたらされる。仏教では、人間の我欲のしぶとさを見抜いていたといえる。

　しかし、我欲の克服を修行や、道徳的な戒律に求めるのは問題があると思われる。現実に起きている諸形象と関わりながら、心情を育み、諸形象をありのままに認識することが重要なのに、修行は現実の諸形象との対話を遠ざけることになる。諸形象との対話を遠ざけることは、諸形象から生命にもたらされる感受作用や理性的活動（認識）を停止し、精神の袋小路に入ってしまうことを意味する。

　戒律は正論であるが、正論によって問題が解決するなら困らない。例えば、道徳の授業で子どもに「物を盗まないようにしよう」と教えたり、授業で議論して万引きが皆無になるとは思えない。万引きが悪いことであることを理解できない大学生はいないのに、なぜ大学生協で万引きがなくならないのだろうか。

　理想やたてまえを言葉で説くのは、頭の中で概念的に考えるだけで何の意味もない。頭だけで理想や在り方を考えたり、現実の生から逃れて修行したりするだけでは何も解決しないのは明らかである。

　マスコミで時々話題になる校則は、戒律のようなものである。戒律や修行が有効なら、学校で積極的に細かな戒律を定めたり、修行を行ったりすればよいと思われるがそうは思わない。

14　正論・たてまえ・正義と「心」

（1）　子どもの思考を停止させる「正論」

　「人に優しくする」「ゴミを捨てない」「何事も率先してやる」「遅刻しない」「予習・復習を必ずする」などは、正論である。正論はたてまえでもある。

　正論は生命が発するものではなく、それが正しいとする概念から生まれる。正論そのものは正しいので、振りかざされると子どもは否定できない。反論もできない。正論が振りかざされた途端に、子どもの思考は停止する。

　学校でのいじめが、問題になることがある。いじめがよくないのは正論

である。なのに、現実はなくならない。いじめられた子どもの保護者が学校の対応に納得できず、学校や教育委員会に調査の見直しを求める事例も少なくない。学校や教育委員会が要求に応じて第三者委員会を立ち上げても、その結果がじゅうぶんとはいえない場合も少なくない。

　子どもに対する教師の責任は、極めて大きい。アンケートや聞き取り調査をしても、組織に都合が悪い情報は開示しなかったり、あってもなかったと虚偽の報告をしたりする。開示されても、黒塗りばかりであることは決して珍しくない。これは、後ろめたいことがあるからである。責任逃れといっても、過言ではない。学校や教育委員会が率直かつ誠実に真相を解明して真実を明らかにし、今後の教育活動に生かせばよいと思うが、そうしないのは責任を隠蔽し、保身を図ろうとするからであろう。保身は、エゴイズムそのものである。

　正論は、理屈でもある。正論は、頭（精神それも執我）だけで考える世界である。正論には、体と心情からなる生命の視点が欠落している。正論は生命が発する声を無視した、生命から離れた概念の世界である。

　いじめも、アンケートや聞き取りなどの確認可能な言葉（書き言葉・話し言葉）や、結果だけで判断してはならない。字句だけで判断するのは、あまりにも危険である。

　ゲーテに、「判断は誤るが、感覚は誤らない。」旨の箴言がある。この箴言は、頭だけ、言葉だけで概念的に考えるのではなく、生命の声に耳を傾けることの大切さ、直感の大切さを説いていると考えられる。

　子どもは、正直に答えない場合もある。本音と逆のことを言う場合もある。聞かれた子どもの心はいかばかりか。教師は、想像力を働かせなければならない。確認可能な概念としての言葉だけだと、心情がどう受け止めたのか、体の反応はどうだったのかなど、体と心情からなる生命の声を受け止めないという致命傷がある。体と心情からなる生命に対する鋭い感受性がないと、真の教育は成立しないし、教師も務まらない。子どもの生命に向き合うためには、教師に相当な覚悟が求められる。正論など言っている場合ではな

い。体がダメージを受けると、心情も活性しない。心情がダメージを受けると、体も活性しない。翌日に楽しいことを控えていたり、大失敗すると気になって熟睡できないことは誰でも知っている。いじめを考える場合は、子どもの生命の視点が欠かせない。

（2）「たてまえ」は一見すると「正論・正義」

　たてまえは、一見すると正論であり、正義である。例えば、「人を殺してはいけない」を否定する人はいない。それなのに、戦争で人が死んだり、殺人事件が起き続けている。戦争で死ぬと、その人の人生は終わる。残された家族の人生もくるってしまう。財産を失ったり、体に後遺症が残ったり、精神的に異常をきたす人も少なくない。ベトナム戦争に従軍した多くの兵士が、帰還後に精神的に苦しんでいることも知られている（PTSD：心的外傷後ストレス障害）。殺人は加害者にも被害者にもはかり知れないダメージをもたらすことを頭では理解していても、いっこうになくならない。

　勉強しないと困る理由を並べて、「勉強しなさい」と強いるのも同様である。勉強はしないよりもしたほうがよいのは、理屈では分かっている。しかし、勉強するかしないか、どれだけ勉強するかは人それぞれである。たてまえどおりにはいかない。

　たてまえは理屈であり、頭だけの精神だけの世界である。人間には体と心情からなる生命がある。生命が疲れて、勉強することに悲鳴をあげることがある。生命が疲れて、勉強することを拒絶するのは当然の反応である。しかし、人間に宿っている執我としての精神が生命の反応を無視して、勉強を強行することがある。生命にとっては危機であり、迷惑このうえない。

　戦争は、戦争を引き起こす国のリーダーのエゴイズムである。また、殺人の加害者も正常な判断ができなかった心の貧しさがある。このエゴイズムや心の貧しさを克服する鍵は、人間の心情をいかに豊かに育むことができるかにかかっている。よって、教師は正論・たてまえ・正義を振りかざすべきではないし、正論・たてまえ・正義で語るべきではない。これらの理屈を押

し付けるべきではない。それよりも、教師は心情を豊かに育むことに集中しなければならない。

15 感覚と「心」[15]

心が働くためには、センサーが必要である。センサーは、感覚器官に備わっている。人間の感覚はどのようになっているのだろうか。

（1） 感覚の分類

人間の感覚は表3のように、特殊感覚・体性感覚・内臓感覚の3つに分類される。体性感覚は、さらに皮膚感覚と運動感覚（固有感覚・自己受容感覚）に二分される。特殊感覚は、視覚が眼、聴覚が耳、嗅覚が鼻、味覚が舌、平衡感覚が耳の奥にある三半規管と、それぞれ局在する感覚器官が担っている。それに対して、皮膚感覚は全身に存在する。内臓感覚は、言葉どおり、内臓で生じる感覚である。内臓感覚は一部を除けば自覚できるものは少ない。

皮膚感覚と運動感覚（深部感覚）からなる体性感覚は聞きなれないかもしれないが、全身に関わる能動的な感覚である。

片や特殊感覚は「物を注視する」「音を聴き分ける」「臭いを嗅ぎ分ける」「味を確かめる」場合は主体的だが、「物が見える」「音が聴こえる」「臭いがする」場合は受動的である。つまり、「視覚」「聴覚」「嗅覚」は受動的な要素が強い感覚である。一方、「味覚」は自分で口をあけ、かんだりのみ込んだりしないといけない。「触覚」も触られる場合もあるが、基本的には能動的に意志を持って触らなければならないので、「アクティブ・タッチ」とも言われる。

受動的であれ、能動的であれ、これらの感覚は、無意識かつ瞬時に働く。意図的・意識的に見たり、触ることもあるとの反論があるかもしれない。意図的・意識的に見たり触る場合でも、そのときの感覚は無意識に働

表3　感覚の分類（アンダーラインは「五感」を示す）

感覚の名称			感覚の特徴 [16]
特殊感覚	視覚、聴覚、嗅覚、味覚、平衡感覚		目や耳、鼻など、特殊な器官の情報。脳神経が担い、大脳皮質に伝達される。
体性感覚　※	皮膚感覚	触覚、圧覚、温覚、冷覚、痛覚 （「痛覚、触圧覚［接触、圧力、振動の感覚］、温度覚」）と分類する場合もある）[16]	皮膚で感じる刺激や筋の伸張の感覚。脊髄、視床を経由して、大脳皮質に伝達される。
	運動感覚（深部感覚）	四肢の動きの感覚、四肢の位置の感覚、筋の力の感覚、努力感、重さの感覚など [17]。	
内臓感覚			胃痛、心拍数増加など、内臓で生じる感覚。一部を除けば、自覚できるものは少ない。

※　次のような分類もある [18) 19)]

皮膚感覚 （触覚、圧覚、痛覚、温度感覚）
固有感覚 （圧覚、位置感覚、筋肉／運動感覚）

皮膚感覚 （圧力、振動、小さな形状、摩擦、温度）
自己受容感覚 （位置、力）

く。生命を維持するためにいちいち意識しないのは当然である。

（2）　感覚の関連

　55頁の図3[20)]と図4[21)]は、感覚の関連を図式化したものである。図2と図3から、「皮膚感覚」と「運動感覚」からなる「体性感覚」は、「特殊感覚」と「内臓感覚」をつなぐ重要な感覚であることが分かる。

　体性感覚は、まだ市民権を得ていないが、教育・保育はもちろん、人間における体性感覚の重要性を強調しても、強調しすぎることはないだろう。自己認識の基本も、体性感覚とされる [22)]。

　渡邊淳司は、体性感覚を触覚 と広く捉えて、身体と情報を結びつける触

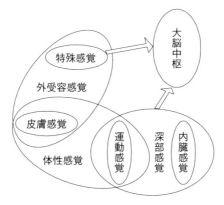

図3　感覚の関係

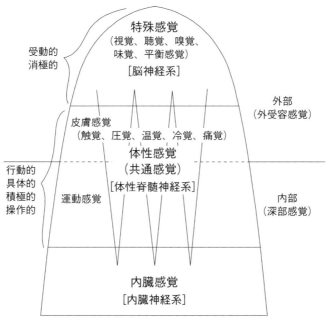

図4　感覚の構造

覚がもたらす知を「触知性」としている¹⁹⁾。

（3）　感覚の留意点

1）　五感は全ての感覚を表さない

　「五感に訴える」「五感を総動員して」「五感に働きかける」など、しばしば「五感」という言葉が使われる。「五感」が、全ての感覚を指しているのは常識になっている。

　表3（54頁）から、「五感」は「視覚」「聴覚」「嗅覚」「味覚」「触覚」を指し、それぞれ「眼」「耳」「鼻」「舌」「皮膚」に感覚器官があって、大脳皮質で受容される。「五感」のうち、「視覚」「聴覚」「嗅覚」「味覚」の4つの感覚器官は、それぞれ「眼」「耳」「鼻」「舌」にある。「五感」には含まれないが、三半規管による「平衡感覚」は「耳の奥」にある。「視覚」「聴覚」「嗅覚」「味覚」「平衡感覚」の5つは、感覚器官が局在する「特殊感覚」に分類される。「視覚」「聴覚」「嗅覚」「味覚」を除く、あと1つの「五感」である「触覚」は「特殊感覚」ではなく、「体性感覚」の中の「皮膚感覚」の1つとして、感覚器官が全身に存在する。ただし、「日本の生理学では五感の第5番目の感覚は体性感覚と呼ばれています。」²³⁾と、五感の第5番目の感覚を「触覚」に限定せずに、「体性感覚」と捉えていることは注目に値する。

　「五感」では、「平衡感覚」「運動感覚」「圧覚」「温覚」「冷覚」「痛覚」「内臓感覚」が含まれない。「平衡感覚」「運動感覚」「圧覚」「温覚」「冷覚」「痛覚」「内臓感覚」も、重要な感覚である。「全ての感覚」の意味で「五感」の用語を使っているのかもしれないが、「五感」は「全ての感覚」を表さない。

2）　触覚を含む体性感覚が重要である

　触覚はもともと感覚を意味するくらい、人間にとって重要な感覚である。触覚は全身で感じることができる。舌による感覚は最も原初的な感覚とされる。舌は、「のどから出た手」ともいわれる。「なで回す」という言葉も

ある。三木成夫によると、赤ん坊時代に何でも舌でなめた記憶が、その後の形態把握に役立っているという。

　視覚で分からない表面の微細な凹凸も、触ると分かる。温冷も感じるとることができる。乳幼児期に、何でも口に入れる時期がある。舌は、味覚に限定されない。舌によって、形状・大きさ・硬さ・味・温冷などを感じているにちがいない。舌が温冷を感じることができるから、食事でやけどをしなくても済む。また、大人になっても相手をなめることがあるように、舌による感覚は極めて根源的である。

　体性感覚に含まれる触覚は舌もあるが、広く分布する皮膚もある。皮膚感覚には触覚のほかに、圧覚・温覚・冷覚・痛覚などがあり、それぞれ触れることによって感知できる。

　皮膚感覚は直接触って感知することが多いが、直接触れなくても得られる感覚もある。例えば、寒暖である。皮膚感覚は触覚・圧覚・温覚・冷覚・痛覚のみと思われがちだが、視覚・味覚・嗅覚・聴覚などに類するセンサーもあるとされる。

　皮膚は、目・舌・鼻・耳では感知することができないものを感知しているとされる。目・舌・鼻・耳から得られる視覚・味覚・嗅覚・聴覚情報も、皮膚が補い、皮膚と連携していることになる。目に映っているものが見えるものの全てではないし、耳に聞こえるものが聞こえるものの全てではない。もっと具体的にいえば、目は可視光線しか捉えることができないが、皮膚は可視光線以外も感知しているとされる。耳も可聴周波数しか捉えることができないが、皮膚は可聴周波数以外も感知しているとされる。また、地磁気も感知しているようである。気圧なども感知していることが予想される。

　可視光線以外の光、可聴周波数以外の音、地磁気などが感知されているなら、気配を感ずることも否定できない。きっと、第六感や予感を生むセンサーがあるのだろう。

　特殊感覚の視覚・味覚・嗅覚・聴覚・平衡感覚はそれぞれ、眼・舌・鼻・耳・三半規管と感覚器官が局在しているので限定される。しかも、これ

らの特殊感覚は受動的な感覚である。一方、体性感覚（皮膚感覚［触覚・圧覚・温覚・冷覚・痛覚］、運動感覚）は全身にある。体性感覚野が対応する運動野と連動して、身体を動かす。よって、体性感覚は行動的・具体的・積極的・操作的である。

体性感覚は身体を必ず動かすので、体験となる。体験は知識だけで判断しない。石を見ると、石であることは分かる。しかし、見るだけだと視覚だけの情報なので、見た目の範囲でしか分からない。しかし、持ってみると体性感覚（皮膚感覚や運動感覚）と運動野が関わるので、肌触りや重さを実感することができる。粘土を持ってみたり、触れたりすると体性感覚野・運動野によって、肌触り・重さ・軟らかさなどが分かる。嗅覚によって、粘土の匂いも感じることができる。粘土を操作するときは、視覚も関わる。粘土を口に入れると、味覚によって粘土の味さえ分かる。聴覚によって、粘土をたたく音も確認できる。このように、体験にはさまざまな感覚が動員される。さらに、体験を通して、石や粘土などの意にも心情が開かれる。

一方、水を H_2O とするのは、概念化された知識のみの世界である。「水の分子が H_2O である」は正しいが、水の性質は体性感覚をはじめとするさまざまな感覚に働きかけるなどしてみないと分からない。ありのままに感知するためには、頭だけで理解するのではなく、感覚を動員しなければならない。その中でも体性感覚の重要性は指摘しても指摘しきれない。

体性感覚は55頁の図3・図4のように、共通感覚として、外受容感覚と深部感覚をつなぐ重要な役割を持っている。保育や教育のみならず、人間にとって体性感覚に働きかける体験がもっと重視されなければならない。

ところが現代は、液晶画面による疑似体験（バーチャル・リアリティ）、液晶画面や印刷物からの情報収集など、視覚優先に拍車をかけている。ゲームやデジタルの世界を否定しているのではない。うまく付き合うことが大切である。

保育や幼児教育における現場の体験では、お絵描き、糊とハサミによる工作、室内ゲームなどが積極的に行われても、水遊び・泥んこ遊び・粘土遊

びなどの全身に働きかける活動はあまり積極的に行われていない。準備や片づけが大変だし、服も活動場所も汚れるから、大人の都合で敬遠される。保育園や幼稚園では、水遊び・泥んこ遊び・粘土遊びなどの体性感覚に働きかける感触遊びなどを積極的に展開しなければならない。

3）　感覚器官の感度は限られている

人間よりも、感覚の感度に優れる動植物は多い。

植物は宇宙のリズムである季節とリンクして、発芽し、生長して、花を咲かせ、実を結ぶ。これを、三木成夫は「成長繁茂・開花結実」と呼んでいる。季節の重要な要素は、温度及び温度の積算能力と日照時間である。無論、光・水・栄養・二酸化炭素なども欠かせない。

春になれば発芽し、秋になって寒くなれば葉を落とす。植物の発芽を促進するためには、一定期間冷蔵庫に入れて擬似的に冬を体験させてから種まきすると、春が来たと思って発芽を促進することが分かっている。小さな種子のどこに精度の高い温度センサーがあるのか不思議である。菊などの花も、日照時間を調整して、開花の時期を操作している。このように、植物は温度や日照時間などをまるごと感じて生きている。

犬の嗅覚が、人間よりもはるかに優れているのはよく知られている。鮭が川に戻るのは視覚・地磁気・嗅覚・体内時計・太陽コンパス等の説があってまだ決定的なことは分かっていないようだが、鮭固有の感覚があるのは間違いない。長距離を移動する渡り鳥、暗闇で飛ぶコウモリなどは、人間がとても及ばないセンサーを持っている。また、珊瑚やヤドカリなどは潮の干満と関連があるとされる。月のリズムを感知しているのはまちがいない。

人間も生き物なので、体内時計・太陽コンパス・潮の干満・引力などを感知する感覚と無縁なはずがない。

人間は生存のためにさまざまな感覚器官を持っているが、感知できる範囲は限られるとされる。人間が聞き取れる音の周波数は20Hz ～ 20,000Hz（ヘルツ）くらいとされる。これだけの範囲の周波数の音を聞き取ることができるともいえるが、この範囲しか聞き取ることができないともいえる。

　人間が感知できる光（電磁波）は、可視光線とされる。可視光線は、波長の長い赤から短い紫とされる。可視できる赤の波長が780nm（ナノメートル）まで、紫の波長が380nmまでとされる。

　赤よりも長い波長は、赤外線（近赤外線・中赤外線・遠赤外線）・マイクロ波・ラジオ波の順になっている。紫よりも短い波長は、紫外線（UV-A・UV-B・UV-C）、X線（レントゲン）・ガンマ線（放射線）の順になっている。

　このように、人間が感覚器官によって感知できるものは限られているので、感知できるものが全てであると勘違いしてはならない。しかも、音の性質が周波数（Hz）、光（電磁波）の性質が波長（nm）だけとはかぎらない。

４）　測定できないことも感じている

　科学に対する信仰があるから、数値化して示されると説得力を持つし、信じがちである。しかし、数値化されたことが数値化の分だけ証明されたにすぎない。

　CDでは人間が20Hz〜20,000Hzの音しか聞き取れないと判断して、20Hz以下及び20,000Hz以上の周波数はカットしているとされる。一方のアナログレコードは、周波数をカットすることはしていないとされる。0と1しかないデジタルのCDからすると、アナログレコードはノイズが多い。アナログレコードはノイズが多いのに、音にぬくもりを感じる人が少なくない。耳で聞き取ることができない音も、感じていると思われる。

　20Hz以下の聞き取れないとされる重低音の健康被害も、報告されている。人間が聞き取れる音の周波数は20Hz〜20,000Hzくらいかもしれないが、20Hz以下や20,000Hz以上の音が人間に影響を与えていると考えなければならない。そもそも、自然界には0と1のデジタルはない。自然の音はもっと複雑で、重層で、多様である。

　光（電磁波）は波長の短い順から、ガンマ線（放射線）、X線（レントゲン）、紫外線（UV-C・UV-B・UV-A）、可視光線（紫→赤）、赤外線（近赤外線・中間赤外線・遠赤外線）・サブミリ波（天文観測）、ミリ波（EHF、

レーダー・天文観測）、マイクロ波（SHF、携帯電話・衛星放送・電子レンジ）・極超短波（UHF、地デジ）、超短波（VHF、FM）、短波（HF、船舶や航空機の通信・アマチュア無線）、中波（MF、AM）、長波（LF、ビーコン・電波時計）、超長波（VLF、海底探査）となっている。我々が住んでいる世界は、これらが飛び交っている。また、ノーベル賞で話題になった素粒子のニュートリノも飛び交っている。可視光線以外は眼に見えないが、人間は眼に見えない光（電磁波）や素粒子なども浴びていることになる。

　眼に見えるか見えないかにかかわらず、これらの影響を受けているのはまちがいない。嗅覚も、味覚も、人間が直接感じることができないものが相当あると思われる。

　いずれにしても、人間の感覚器官が知覚・数値化できるものはかぎられていると考えなければならない。知覚・数値化できるか、知覚・数値化できないかにかかわらず、身体全体に影響を与えていると思われる。知覚・数値化できるものだけを感じていると思ってはいけない。

5）　知覚の言語化には限界がある

　「百聞は一見にしかず」ということわざは、狭義には「言葉でいろいろ説明するよりも見れば分かる」意味である。象を見たことがない人に象の姿をいろいろ説明するよりも、直接みてもらったほうがよいことを意味している。広義には、「概念よりも体験が重要である」ことを意味していると考えなければならない。

　「百聞は一見にしかず」の「一見」を視覚的に「見る」ことに限定してはならない。「みる」には「見る（視覚）」もあるが、「触ってみる（触覚）」「聴いてみる（聴覚）」「食べてみる（味覚）」「嗅いでみる（嗅覚）」「動かしてみる（運動感覚）」などもある。

　キンモクセイの香りは言葉で説明してもらうよりも、開花時に直接嗅いだほうが実感できる。マンゴーも、食べてみて初めてその味が分かる。民族楽器の音色も直接聴くと分かる。

　一方、石や綿などの場合は、見るだけでは分からない。持つことによっ

て、重さ・肌触りなどが分かる。持つためには、石や綿を確認するために視覚も関わる。それ以上に、体性感覚（触覚を含む皮膚感覚・運動感覚）や運動野及び体全体が関わる。

入浴時に「ぬるい」と言った場合、おおよその温度は伝わるが、温水に浸かっている体の感覚までは分からない。仮に温度計で何度と聞かされても適温は個人差があるので、温度計で温度が分かるだけである。

「百聞は一見にしかず」からは、言葉ではうまく伝えられないことを学ばなければならない。知覚したことを安易に言語化してはならない。言葉による概念化は、その概念の範囲でしか捉えることができない宿命があることを自覚しなければならない。言葉を過信してはならない。

16　記憶と「心」

人間には、それぞれの性格や気質がある。乳幼児をみても、兄弟姉妹をみても、それぞれ違って多様である。

この違いは、まず、生来のものが考えられる。人間は突然生まれたのではなく、地球上に生命が誕生してから脈々と引き継がれた生命記憶があると考えなければならない。例えば、ヘビに触れて怖い思いを体験していなくても、見ただけで怖いと思う人は多い。なぜだろうか。爬虫類と人類の永きに渡る生存上の因縁が記憶に刻み込まれているとするのは考えすぎだろうか。

また、同じ体験をしても、体験時の心は人によって異なる。例えば、虹や高山の紅葉を見た時は誰しもが驚いてその美しさに感動する。しかし、感動の中身は多様であると考えられる。虹の色そのものに心を奪われる人、虹を含む壮大なスペクタクルに心を奪われる人、雲や虹の色が風によって刻々と変化するのに心を奪われる人、虹を超えて自然の不思議さに心を奪われる人などさまざまであろう。高山の紅葉も、紅葉の美しさに心を奪われる人、紅葉と緑の樹との対比に心を奪われる人、青空を含む紅葉の壮大なスペクタクルに心を奪われる人、やがて散りゆく紅葉の生命感に心を奪われる人な

ど、いろいろであろう。

　心にダメージを受けた体験をすると、克服できる人もいるが、記憶に残って苦しめられる人もいる。トラウマ（心的外傷）である。

　他人からすると、その人がどのような体験を記憶し、どのような生命記憶を刻んでいるかは知るよしもない。当人も、これらの記憶を自覚できるとはかぎらない。記憶は、人それぞれである。

　教師が子どもの「心」を理解する場合、確認できる表面上の現象だけで判断してはならない。子どもに刻まれている記憶にも思いを寄せなければならない。

第 **2** 章

子どもの学びを左右する教師の「心」

　この章では、教師の「雰囲気と授業に臨む姿勢」「人間観」「教育観」「思考観」の４つの視点から、子どもの学びを支える教師の心の在り方に言及する。子どもに学びを創造するためには、子どもの学びを支える教師の心のあるべき姿への理解を深めなければならない。

　子どもの生命が輝くためには、教師の思考が自我にとらわれる執我による概念的思考ではなく、自我にとらわれない捨我による指示的思考でなければならない。

　教師が心のあるべき姿に対して相応の理解があっても、実際の授業に反映されるとはかぎらない。そこで、授業者自身の自己評価も必要だが、校内授業研究会などを通して、実際の授業ではどうだったのかの検証が不可欠である。それも、子どもの学びの姿をどれだけ洞察できる授業研究会だったかが問われる。

1　教師の「雰囲気」と「授業に臨む姿勢」

　教師にかぎらず、人間は固有の雰囲気を持っている。本人はあまり自覚できないが、優しそうな人、怖そうな人、厳しそうな人、明るい人、もの静かな人、元気な人、気難しそうな人、とっつきにくそうな人、話しにくそうな人、誠実な人など、人は初対面で相手の雰囲気を感じる。第一印象である。

　子どもは授業開きのときにどんな先生が教室に入ってくるのか、期待や興味を持って待っている。初対面で、教師は子どもに見透かされる。

　よく知られているゲーテの箴言に「感覚はあざむかないが、判断があざむくのだ。」とあるように、子どもの第一印象は当たっていると考えなければならない。子どもは自分の心に照らして、瞬時に見抜いている。理屈ではない。

　雰囲気は、性格や人柄とも重なる。また、雰囲気は教師のまなざし、話し方、表情、授業に対する意欲の度合い、子どもの学びに対する期待度などを含む教師の授業に対する姿勢などの表れでもある。雰囲気は、授業に臨む教師の姿勢と不可分な関係にある。雰囲気は、教師が意識して授業に臨む場合もあれば、無意識に自然とにじみ出ることもある。意識して優しく接する努力をしても、付けやきばでは子どもに簡単に見抜かれる。

　教師も人間なので、全能の神でもなければ、指導者として完成された人間でもない。無論、仕事をふざけてする人はいないし、授業に真面目に取り組む。プライベートなどで気になることがあると、授業に引きずるかもしれない。疲れたりして、体調が悪いときもある。教科によっては、得意・不得意もある。題材に対する教材研究の差もある。意欲的に取り組む授業もあれば、終了のチャイムを待つような、こなしていると指摘されても仕方のない授業もあるかもしれない。

　大事なことは、授業に対する不断の探究である。雰囲気には、教師の「授

業に臨む姿勢、教育観、思考観、人間観」が反映される。それも、理屈やたてまえなのか、実感として体に染み付いているかが見抜かれる。

　例えば、子どもの主体性や子どもに寄り添うことの大切さを否定する教師はいない。しかし、教えて身に付けさせることを重視する教師は、ややもすると指図したり、叱ったり、修正したりして教師の考えを強制しがちである。身に付けさせたい能力は間違いでないが、子どもは教師が考える方法で、教師が想定した時間内に身に付けるとはかぎらない。

　一方、子どもなりの理解・納得を重視する教師は指示することもあるが、子どもの心を重視する。少しでもよい点を褒めながら、根気強く関わる。

　教えて身に付けさせることを重視する教師、子どもなりの理解・納得を重視する教師、この違いは教師の体全体からにじみ出て、雰囲気の大きな要素になると考えなければならない。つまり、教師の雰囲気や性格は先天的なものもあるかもしれないが、教師の「授業に臨む姿勢、教育観、思考観、人間観」が大きく影響していると考えなければならない。

　学びが成立するためには、まず、子どもが教師に対して心を開いていなければならない。子どもが教師を信頼して心を開いていると思っていても、子どもが教師に心を開いているかは別問題である。よって、授業は教師と子どもの共同で行われるものなので、教師の姿勢は子どもとの関係の中で評価されなければならない。

　教師の雰囲気に大きく影響を与えていると考えられる「教師の姿勢」は、どうあればよいのだろうか。なお、「教師の姿勢」は後述する「教師の思考観（116-130頁）」「教師の人間観（82-108頁）」及び「教師の教育観（109-115頁）」とも密接に関連している。さらに、具体的な「題材」や「支援方法」とも関連するので、後述の「題材の条件（141-149頁）」や「段階的支援（157-167頁）」も参照してほしい。

　以下の「教師に求められる姿勢」[1]は、保育園・幼稚園における造形活動、特別支援学校中学部・高等部の造形活動・作業学習・生活単元学習など

表4 教師に求められる姿勢

No.	観　点	内　　容
1	解放的な雰囲気づくり	①指図・命令・禁止・注意・叱責からの解放。 ②失敗の許容（判断の尊重）、正確さの不問、下手や失敗に対する不安や恐怖心の払拭。 ③激励と称賛。
2	子どもの心に寄り添う	①教師の先入観・固定観念の消去。 ②子どもと教師は思考・基準・知識が異なることの自覚。 ③子どもと教師は絶対的な平等者であることの自覚。 ④子どもの話、子どもの生命への傾聴。 ⑤共感的・感動的・肯定的な関わり。 ⑥笑顔による自然な語りかけ。 ⑦教師の気持ちの伝達と子どもの気持ちの引き出し。 ⑧子どもの長所・可能性の把握。 ⑨子どもの問題を他人事でなく、自分の切実な問題として自覚。 ⑩教師の都合よりも、子どもの都合を優先。
3	主体的な活動の促進	①自己決定場面（任せる場面、判断が必要な場面）の保証。 ②自由な表現・発展性・試行錯誤・創意工夫の保証。 ③適度な難しさ（発達の最近接領域）の内容。 ④興味・関心が持てる内容。 ⑤個々の表現の受容と理解。 ⑥身体や道具の使用による体性感覚に対する働きかけの重視。 ⑦結果（作品などの完成度）よりも過程の重視。 ⑧過程や結果の明快性。 ⑨表現意欲の喚起、能動的表現の奨励。 ⑩集団の教育力（子どもどうしの関わり）への着目。 ⑪やり直しの保証。 ⑫じゅうぶんな時間の確保。 ⑬過不足のない、タイミングを逃さない支援と評価。 ⑭無理のない言語化、言語以外の支援の重視。 ⑮行動修正主義からの脱却。 ⑯訓練的指導の克服。 ⑰多様に認める場の確保・教室外への広がり（校園全体・家庭・社会）。
4	成就感・達成感・充実感・満足感・自己肯定感の体感	①発見・驚き・喜怒哀楽に満ちた充実感のある生活の保証。 ②発見や驚き、できなかったことができる体験の保証。 ③発達の最近接領域（適度な難しさ）の重視。 ④持っている能力の最大限の発揮。 ⑤子どもの存在感（みんなから認められる）を最大限に保証。
5	基本的なこと	①豊かな感受性・表現力・判断力及び共感力。 ②一斉授業の克服。 ③柔軟な指導計画の運用。 ④長期の展望。 ⑤活動のあらゆる要素に対する根拠の確立。 ⑥教師自身の力量に対する不足感の自覚と、不断の教材研究。

を想定したものである。表4は、小学校・中学校にも通じると思っている。表4をベースに、校園種、教科・領域などに応じて修正する。

　表4には、「1　解放的な雰囲気づくり」「2　子どもの心に寄り添う」「3　主体的な活動の促進」「4　成就感・達成感・充実感・満足感・自己肯定感の体感」「5　基本的なこと」の5つの観点があり、それぞれの内容を示した。「解放的な雰囲気（1）」の下で、「子どもの心に寄り添い（2）」ながら、「主体的な活動を促進（3）」し、子どもに「成就感・達成感・充実感・満足感・自己肯定感を体感（4）」させなければならない。

　「5　基本的なこと」は、1〜4に共通する。1〜5は、相互に関連している。表4の観点と内容を、否定する教師はいないと思われる。子どもが学びを深めながら、子どもの生命が生き生き輝くことを、教師なら誰しもが願っている。しかし、現実は必ずしもそうと言い切れる状況ではない。

　教師が、表4の内容を頭で理解するだけでは意味がない。授業で子どもにしっかり伝わるように、具現化していかなければならない。具現化されているかどうかを、まず教師自身が自己評価を丁寧に行う。さらに、授業研究会などで多様な視点から徹底的に評価する。授業研究会のような授業者以外の評価は欠かせない。なぜなら、授業者が子どもの主体的な活動が豊かに展開されたと思っても、客観的に見ると、真逆の授業を少なからず参観してきたからである。

　各校で、授業研究会がどれだけ日常化かつ充実しているだろうか。授業研究会の日常化と充実は、その学校の教育の質を判断する重要な要素になる。

（1）　解放的な雰囲気づくり

　「解放的な雰囲気づくり」の内容として、表4に3つの内容を挙げた。「解放的な雰囲気」とは、子どもから見ると「リラックスした状態」「ピリピリしていない状態」「安心して活動できる状態」である。では、これらに反する「リラックスできず、ピリピリし、安心して活動できない状態」とはどの

ような状態だろうか。

　教師が求める活動を優先する教師は、子どもが教師の思うとおりに活動
しなかったり、失敗したり、失敗しかけたりすると、逐一、「説明・指示・
指図・命令・禁止・注意・叱責・補助・介助」したりして行動を修正する。
教育は、教師が想定した時間内に、教師が求める結果に子どもを早くたどり
つかせることではない。子どもは、教師に行動を修正させられると、教師の
指導を気にして萎縮し、緊張を強いられる。指図や命令に従わされる子ども
は受動的になり、判断力や主体性は決して育まれない。

　子どもの行動は、教師が考えるようにはいかないことを全面的に認めな
ければならない。教師から見て失敗であっても、失敗と決めつけてはいけな
い。そもそも、失敗は許容されなければならない。最初からうまくいくとは
かぎらない。最初からうまくいくような活動内容は、そもそも活動内容とし
てふさわしくない。教師がやるように、正確にできなくてかまわない。失敗
や下手も、教師の基準にすぎない。それなのに、失敗・不正確・下手を指摘
されると、子どもは意欲も自信も喪失する。不安を通り越して、恐怖すら感
じるかもしれない。

　子どもの試行錯誤は、保証されなければならない。子どもの判断や行動
を尊重して、温かく見守り、応援しなければならない。子どもが困ったとき
は励まし、子どもが主体的に解決できるように支援しなければならない。

　また、子どもの活動で少しでも見られるよい点は、子どもの心に響くよ
うに褒めなければならない。共感である。ただし、子どもが実感していない
ときにいくら共感しても、空回りする。また、共感イコール声がけとは限ら
ない。暗黙の了解もあるし、視線に共感の気持ちをのせるだけでよい場合も
ある。共感は意識してするものでもない。自然に、気持ちが通じ合うときに
共感が生まれる。共感の方法は、きっといろいろあるはずである。

　解放的な雰囲気があってこそ、子どもは安心して活動に集中することが
できる。子どもの活動をじっくり見守ることは、案外と難しい。少しは見
守ることができても、待てずに「説明・指示・指図・命令・禁止・注意・叱

責・補助・介助」をしてしまう教師をどれだけ多く見てきたことか。

　教師が子どもに優しく教えたり、納得できるように注意したつもりでも、子どもは「叱られた」と受け取るかもしれない。活動中の子どもの心情に思いをはせながら、子どもが安心して活動できる雰囲気をつくっていかなければならない。どのような雰囲気をつくっていくかは、教師に委ねられている。教師に対する信頼、授業における「解放的な雰囲気」の重要性は、自覚しても自覚しすぎることはない。

（2）　子どもの心に寄り添う

　「子どもの心に寄り添う」ことが大切であることを、否定する教師はいない。しかし、実際の授業では疑問を感じる場面も少なくない。「子どもの心に寄り添う」ための内容として、表4（68頁）に10の内容を挙げた。

　教師は誰しも、自分は先入観や固定観念で子どもに接しているとは思っていない。教師が、無意識に先入観や固定観念を子どもに押し付けていることがないとはいえない。

　教師が自分なりの「教育観・思考観・人間観・基準・知識」を持つことは必要である。しかし、教師が自分の「教育観・思考観・人間観・基準・知識」が正しいと思って優先すると、子どもから見れば教師が先入観・固定観念で関わることになる。

　そもそも、教師と子どもは「思考・基準・知識」が異なる。子どもを尊重するということは、絶対的な平等者として、子どもの「思考・基準・知識」を全面的に認めて尊重することである。教師の「思考・基準・知識」で、子どもの「思考・基準・知識」を否定してはならない。子どもには、子どもなりの考え方ややり方があることを忘れてはならない。

　子どもの「思考・基準・知識」を肯定することは、教師が自分の「教育観・思考観・人間観・基準・知識」に縛られないことである。教師の精神が自分の「教育観・思考観・人間観・基準・知識」にとらわれる執我の状態ではなく、自分の「教育観・思考観・人間観・基準・知識」を捨てたり保留し

たりする捨我の状態でなければならない[2]。教師の精神が執我の状態になると、教師は子どもの都合よりも自分の都合を優先する。自分の都合を優先する教師は子どもの心に思いがいかないので、子どもの都合よりも自分の都合を優先していることに気づかない。

　教育や保育の対象は、障がい児を含む子どもである。子どもは教師・保育士よりも年少で、「知識」や「できること」が教師・保育士に比べれば少ないのは当然である。ここに、子どもは教師よりも劣ると考えて、自分の考えが正しいと判断して押し付けたり、上から目線になったりする余地が生まれる。上から目線になると、子どもの長所・可能性よりも、短所・課題・できないことに目が向く。必然的に「説明・指示・指図・命令・禁止・注意・叱責・補助・介助」が多くなり、子どもの心は教師から離れ、教師は子どもの心に寄り添うことができなくなる。

　子どもの心に寄り添うことは、案外と難しい。教師の「教育観・思考観・人間観」がじゃまするからである。子どもの心に寄り添っていると自認している教師でも、客観的に見ると必ずしもそうとはいえない例が少なくない。

　子どものじゃまをしないようにと、自由にしている場合もある。自由な活動は保証しなければならないが、放任はよくない。子どもが活動しているときに、見守るべきときなのか、それともそのときにふさわしい支援が必要なのかを見極めなければならない。子どもが粘土遊びをしている場合は、活動の様子によっては新たな道具を置いておくことも有効である。子どもが道具を見つけて、粘土遊びを発展させていくことがあるからである。

　子どもの心に寄り添うためには、教師は「子どもの話」や「子どもの生命そのもの」から発するあらゆることに傾聴しなければならない。教師から見て困る行動でも、子どもにとっては理由があるはずなので、肯定的に見なければならない。否定的に見ると、子どもは「教師の姿勢」を敏感に感じる。肯定的に関わることのできる教師は、笑顔で自然に語りかけながら、子どもの気持ちをうまく引き出すことができる。

　子どもと関わるには、エネルギーが要る。子どもの心に寄り添うために

は、教師は他人事ではなく、まるで自分のことのように、親身に子どもと関わらなければならない。子どもに親身に関わると、教師はまるで自分のことのように共感・感動することができるようになる。

　「寄り添う」とは、子どもをガラス越しに観察することでも、後追いすることでも、近距離で備えることでもない。「寄り添う」は、見守ることでもある。寄り添って見守るためには、ある程度の距離も必要である。いつも、視野に入る近距離にいられたり、近くでじっと見られ続けられたら監視されているようで子どもはたまったものでない。寄り添うための距離の取り方も考えなければならない。子どもが失敗したからといって、すぐに介入してはならない。子どもがにっちもさっちもいかなくなったらどの時点で見守ることを止めるか、見守ることを止めた後にどのような支援をするのかの判断も求められる。また、背後にいる他の子どもの心に対しても、思いを寄せなければならない。視野に入らなくでも、教室にいる子ども全員の心を見通しながら支援を進めなければならない。

　教師が「子どもの心に寄り添う」とは、子どもに真の主体的な活動が展開されるための「教師と子どもの関わり方」である。教師と子どもに信頼関係がなければ、教師は子どもの心に寄り添うことはできない。「寄り添う」や「見守る」は、極めて積極的な支援である。

（3）　主体的な活動の促進

　主体的な活動を促進する前提として、前項の「解放的な雰囲気づくり」と「子どもの心に寄り添う」は必ず押さえなければならない。そのうえで、表4に主体的な活動を促進するために必要な17の内容を挙げた。

　教師から一方的に知識・技術を教えられたり、教師にさせられたりする活動は、主体的な活動と真逆である。

　文部科学省が学習指導要領で「アクティブ・ラーニング（主体的・対話的で深い学び）」を打ち出したのは、知識伝達型の従来の教育の弊害を認めたからである。深く学ぶことがメインで、そのために教師や仲間と対話しな

ら主体的に学ぶことの重要性をやっと打ち出したのである。ただし、座学を否定し、体験学習、グループ討論、グループ・ワークなどをすることをアクティブと勘違いしてはならない。そもそも「アクティブ・ラーニング」の用語が誤解を生む原因になっている。英語の「アクティブ」には、「能動的・主体的」の意味もあるが、一義的には「活動的・行動的・積極的」の意味がある。「アクティブ」の用語から、座りっぱなしの学習が否定され、身体を動かす行動的な活動が求められていると誤解しやすい。英語を使う必要はないと思うが、もしも使うなら誤解を生みやすい「アクティブ」ではなく「インデペンデンス（independence、主体性）」などの用語がふさわしいのかもしれない。また、「アクティブ・ラーニング」を「主体的・対話的で深い学び」としているのに、「対話的」と「深い」に相当する英訳がないのが問題である。文部科学省も「アクティブ・ラーニング」の用語はよくないと判断したのか、学習指導要領改訂では「主体的・対話的で深い学び」の言葉は継続されているが、「アクティブ・ラーニング」の用語は使われていない。

　いずれにしても、教師が子どもと対話しながら子どもの主体的な学びを深めることが重要なので、見た目が座学かアクティブかは問題にならない。子どもの中で、主体的な学びが深められているかが重要である。

　主体的な活動による深い学びを創るためには、活動内容（141–149頁、「題材の条件」）も重要である。子どもにとって、興味・関心の持てる学習内容でなければならない。支援方法（157–167頁、「段階的支援」）も重要になる。過不足のない、タイミングを逃さない支援が求められる。言葉による支援は、言葉に教師の思いをのせなければならない。支援は言葉のみとは限らない。言葉以外の方法も考えなければならない。子どもとの会話も、言葉（話し言葉・書き言葉）だけで判断してはならない。言葉でうまく伝えられない場合も少なくないので、子どもの表情・雰囲気・まなざし・うなづき・身振り・驚嘆や感嘆などの短い言葉・絵図・メモなど、活動全体から判断しなければならない。学びの過程や結果は、目に見えるものは確認しやすいが、目に見えない現象は認識しづらい。目に見えない現象は、教師の思考が

「概念的思考」[3] では認識できない。「指示的思考」[3] によってしか、子どもの認識に近づくことができない。言葉は、目に見えない心情の一面を表す一つの道具にすぎないことを自覚しなければならない。よって、表出された言葉だけで判断するのは極めて危険である。

　また、子どもがそのときに持っている能力で簡単にできる学習内容では、深い学びにならない。集団（教師・仲間など）の関わりによって、自分一人ではできないことができるようになったり、気づかなかったことが気づくようになる。ヴィゴツキーの、「発達の最近接領域」である。

　簡単にはできないので、失敗して何度もやり直したり、思ったよりも時間がかかったりするのは当然である。その際、教師が早くできるようにしたり、失敗しないようにするのは厳禁である。教師が考える行動にいちいち修正されたり、同じことを訓練的に繰り返されては、子どもは意欲を喪失する。主体性とほど遠い世界である。試行錯誤に失敗はつきものである。失敗しても、主体的な取り組みは評価して子どもに伝えなければならない。

　試行錯誤が長くなったり、活動に夢中になったりして、授業の時間内に終わらない場合がある。1コマの授業で完結することを求めてはならない。続きは、昼休み・放課後・次の時間など、弾力的に考えればよい。日課表（時間割）は、子どもの都合に合わせて弾力的に運用すべきである。

　学習場面で判断材料を提供することはあってもよいが、子ども自身が判断するようにしなければならない。そのためには、子どもに任せる場面、子どもが判断しなければならない場面、子どもが自分で考えてやらざるをえない場面が豊富になけらばならない。

　子どもが自由に取り組んで、自由に表現したり、試行錯誤したり、創意工夫したり、題材を越えて発展させたりする時間はじゅうぶんに確保してあげなければならない。そのためには、過程や結果が分かりやすい学習内容であるとともに、身体や道具の使用などによる体性感覚に働きかける学習内容も重要である。そして、結果にとらわれず、過程を受容し尊重しなければならない。

　子どもの学びの成果を展示（校園内外）・印刷物・学級便り・学校便り・学校のホームページや SNS などで発表することによって、子どもの自信が確かなものになることが期待できる。子どもの主体的な活動の高まりにもつながる。さらに、保護者や社会の子どもに対する理解が深まる。保護者と子どもの会話も弾む。保護者からも褒められることで、主体的な活動が更に高まる。学びは授業で完結させるのではなく、授業後の取り組みも考えなければならない。なお、作品や写真などを公表する場合は、子ども及び保護者の承諾は必ず取らなければならない。個人情報に対する配慮を忘れてはならない。

　次に述べる「成就感・達成感・充実感・満足感・自己肯定感」は、主体的な活動を通して体感される。

（4）　成就感・達成感・充実感・満足感・自己肯定感の体感

　教師は誰しも、子どもに「成就感・達成感・充実感・満足感・自己肯定感」をたくさん体感してほしいと願っている。表4（68頁）に「成就感・達成感・充実感・満足感・自己肯定感」を体感するために必要な5つの内容を挙げた。この5つは、「子どもの心情を揺さぶる体験と形成」「すぐにできる簡単なことでもなく、いくらがんばってもできないことでもなく、適度の難しさのある内容」「仲間や大人から認められる」の3つにまとめることができる。

　また、「成就感・達成感・充実感・満足感・自己肯定感」を体感するためには、活動内容や支援も大きく影響する。無論、教師がお膳立てしたものに子どもが手伝わされる内容では子どもが「成就感・達成感・充実感・満足感・自己肯定感」を体感することができないので、子どもが夢中になって一人で行う内容が多く含まれていなければならない。当然、子どもの発達レベルや個性などにも違いがあるので、具体的な内容には差異が生じる。

　子どもは学びが深まると、「成就感・達成感・充実感・満足感・自己肯定感」を体感する。「成就感・達成感・充実感・満足感・自己肯定感」は、教

師と子どもが共同で学びを創ることができれば、教師も体感することができる。

　では、子どもはどのようなときに「成就感・達成感・充実感・満足感・自己肯定感」を体感するのだろうか。それは、「発見したとき」「できないことができたとき」「自分の力を最大限に発揮したとき」「自分の想像を越える力が発揮されたとき」「自分のがんばりが教師・仲間・社会などに認められたとき」「自分の心情が揺さぶられる体験をしたとき」などである。手ごたえであり、自分の再発見・新発見でもある。「発見する」「できないことができる」は、「簡単に」「すぐにできる」ことではなく、自分が持っている力ではできないことが教師や仲間の力も借りて、自分の力が最大限に発揮されたときに可能になる。

　ある保育園で、子どもたちの「しなやか・柔軟・弾力的・俊敏」で、躍動感にあふれる身体運動に感動したことがある。子どもの内からにじみ出る体の美しさ、体と心情が調和して一体になっている美しさ、躍動した姿や充実した表情が今でも忘れられない。

　一方、保育園・幼稚園・小学校・中学校で教師・保育士が振り付けた動きを表面的になぞっているだけの身体運動に失望することも少なくなかった。「しなやかさ・俊敏さ・躍動感・美しさ」はもちろん、「成就感・達成感・充実感・満足感・自己肯定感」も伝わってこなかった。教師・保育士が振り付けたとおりに手足を動かすことから決別しなければ、「成就感・達成感・充実感・満足感・自己肯定感」も何もない。子どもが自分の身体と対話しながら、自分でも驚くような身体の動きが引き出されてこそ、「成就感・達成感・充実感・満足感・自己肯定感」を実感できる。

　また、勝つことを至上命令としているスポーツの練習や試合に失望したことも少なくない。勝つために大人が指図した練習を、子どもが鍛錬的にやらされるのである。試合に勝てば、序列感情というエゴイズムは満足させられるかもしれないが、自分と対話しながら主体的に行う練習とはほど遠い「やらされる練習」からは、決して「成就感・達成感・充実感・満足感・自

己肯定感」は生まれない。

　子どもに自由に活動させて、教師はいっさい指導しないことを是とする考えがある。教師に縛られずに、子どもが自由かつ主体的に活動することは重要である。しかし、子どもが自由かつ主体的に活動させることを、教師がいっさい関わらないことと勘違いしてはならない。いっさい関わらないなら、自由の名の下の放任である。放任下では教師が指図したり叱ったりすることがないので教師に対する怖さは生まれないが、「成就感・達成感・充実感・満足感・自己肯定感」も不足なものになるのは明らかである。

　子どもが目を輝かせながら、生き生きと活動に集中していた授業からは、教師による徹底的な教材研究の裏付けが伝わってきたと同時に、必要最低限の支援がごく自然になされていた。子どもの自由で生き生きとした活動と、教師の緻密な計画及び用意周到な準備が表裏一体になっていた。さらに、いっしょに活動していた仲間の存在・影響も感じ取ることができた。子どもの「成就感・達成感・充実感・満足感・自己肯定感」は子どものみの活動から生まれるのではなく、集団（教師や仲間）との共同によって生まれるのは明らかである。

　子どもの「成就感・達成感・充実感・満足感・自己肯定感」の体感は全ての授業で目指さなければならないが、簡単ではない。真に授業力のある教師なら、全ての子どもに「成就感・達成感・充実感・満足感・自己肯定感」を確実に体感させることが可能であろう。このような、真に授業力のある教師を目指さなければならない。

　なお、「成就感・達成感・充実感・満足感・自己肯定感」は、1コマの授業で体感することもあるが、長い時間をかけて体感することもある。

　教師は、子どもの主体的な活動を促進しながら学びを深め、全ての子どもに「成就感・達成感・充実感・満足感・自己肯定感」を体感させる義務と責任がある。子どもには、「成就感・達成感・充実感・満足感・自己肯定感」のある豊かな学校生活を送る権利がある。

　教師が「成就感・達成感・充実感・満足感・自己肯定感」を体感するの

は、教師の予想を越えて、子どもが目を輝かせて夢中になって活動に取り組んだときである。子どもの学びが、「予想どおり」や「予想まで至らない」授業が圧倒的に多いと思われる。題材や支援などの条件がそろうと、教師の予想を越える深い学びが展開されることを経験的に実感しているので、全ての授業で目指さなければならない。

（5）　基本的なこと

　「基本的なこと」は、教師の姿勢のベースになるものである。いくら学習内容や支援を吟味して授業に臨んでも、実際の授業で教師が子どもとどのように関わるかは、「子どもの心情を深く洞察できる感受性」「教師の思いを伝える表現力」「子どもの学びを感受して判断する力」「子どもの学びを自分のことのように感じる共感力」で決まる。「感受性・表現力・判断力・共感力」は、授業における教師の生命線であり、授業及び子どもの学びの質を大きく左右する。それだけ、教師の「感受性・表現力・判断力・共感力」は極めて重要である。教師の「感受性・表現力・判断力・共感力」は、前述の教師の「教育観・思考観・人間観」とも密接に絡んでいる。教師の「感受性・表現力・判断力・共感力」は授業における具体的な事実を通して検証し、高めていかなければならない。

　授業は同じ学習内容の下で、一斉に活動することが多い。しかし、活動が始まると、子どもの取り組みに差異が生じる。教師が描いたストーリーに当てはめようとすると、遅れている子どもは活動を急かされたり、中止を余儀なくされる。教師の授業なら、それでかまわない。しかし、授業は子どものために行われるものなので、個人差には最大限に配慮しなければならない。授業は、同じ学習内容で、同じ早さで、同じ結果にたどり着くことではない。一人一人の子どもが納得できるまで、じっくり取り組ませなければならない。

　徹底的に教材研究をして授業に臨んでも、子どもに学びが展開されないことがないとはいえない。この場合は、学びが展開されるように工夫すると

ともに修正していかなければならない。それでも好転しない場合は指導計画を見直して、予定よりも早く次の計画に移行したり、時間割上の次の教科・領域に移行することも考えなければならない。逆に、子どもの学びが深化した途中で指導計画の終了を迎えた場合は、計画を延長することも考えなければならない。時間割や指導計画どおりに行うと、教師や学校という組織を運営するためには都合がよいかもしれないが、時間割や指導計画を子どもの都合に合わせて弾力的に運用しなければならない。

　さらに、図5のように、1コマでは気づかない変化が数年間で起こることもあるので、1コマの授業に一喜一憂しないで、長いスパンで学びを捉えることが必要である。筆者は事例1の1年目が4年後に、事例2の1年目が6年後にこのような表現ができるとは想像すらできなかった。事例1の1年目は、何かを作らせなければならいと考え、安易に「顔を作りましょう」と指示した結果生まれた作品である。この1年目の作品を見ると、子どもなりに表現していると考える教師が多いと思われる。確かに、1年目に限定して考

事例1

| 1年目 | 2年目 | 3年目 | 4年目 |

事例2

| 1年目 | 2年目 | 3年目 | 4年目 | 5年目 | 6年目 |

図5　長年の変化[4]

えると、そうともいえる。しかし、土粘土は可塑性に優れるので、施設や盲学校などの優れた実践に学びながら、大量の土粘土を準備した。さらに子どもが操作しやすい軟らかさを吟味し、道具類も発展的に準備し、できるだけ多くの回数を実施した。事例1の1年目は支援も見直し、テーマも決めずに自由に取り組ませた。自由に取り組ませた結果、徐々に土粘土を意のままに操作するようになったのである。土粘土との触れ合いという体験によって、心情に湧き上がったものを、ストレートに造形化したとしか思えない。4年目の、活動中及び作品の迫力には圧倒される。

　事例2の1年目は、作品を作ることよりもヘラで刺したり、切ったりすることに興味を示したものである。2年目はやや平面的なロボット、3年目は立体的なロボットになる。4年目はロボットどうしを土粘土でつなげるなどして、関係を持たせている。5年目は横たわっている人を家族が取り囲んでいる（この後に屋根をつけたので、中の様子は見えなくなる。）。6年目は「ヘビの家」を作る。建物風の立体にヘビが絡まっている。6年間にこれだけ変化して、こんなに豊かな表現になるとは予想すらできなかった。特記すべきことは、何よりも、自信を持って、たくましく生活するようになったことである。

　どのような理由で「その活動を用意したのか」「その支援をしたのか」など、活動内容や支援などの一つ一つに根拠がなければならない。授業後の評価は、その根拠を吟味しなければならない。

　子どもの学びの深化は、教師の授業力の深化に比例する。教師が自分の授業力を深化させるためには、教師としての力量不足を自覚しなければならない。そして、この力量不足感をエネルギーにして、教材研究・授業研究に邁進しなければならない。学校は、質の高い授業研究が日常化しているかが問われる。教師の徹底的な教材研究・授業研究が、教師の授業力を高める。

2　教師の人間観 ⁵⁾

（1）　人間の図式

　教師にかぎらず、人間が図6の「体と心（精神）」からなると考えているのか、それとも図7の「体と心情と精神」からなると考えているのか、それとも別のものからなると考えているのかは、想像すらしたことがないと思われる。世界は「体と心（精神）」からなるとする考えが支配的なので、「体と心情と精神」からなるとする考えには思いも及ばない教師が多いと思われる。

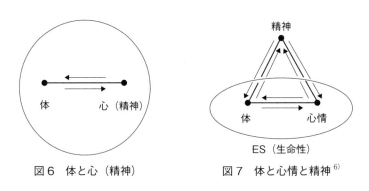

図6　体と心（精神）　　　　図7　体と心情と精神 ⁶⁾

　人間が何からなると考えるかは、人間観の根幹に関わる重要な問題である。よって、人間が「体と心（精神）」からなると考えるか、それとも「体と心情と精神」からなると考えるかで、子どもの学びに決定的な差異をもたらすことを自覚しなければならない。以下、「体と心（精神）」及び「体と心情と精神」に言及する。そして、教師の人間観が「体と心（精神）」ではなく、「体と心情と精神」によって子どもの学びが豊かに育まれることに言及する。

1）　体と心（精神）

　図6では、「心」を「精神」とする場合もあるので、「心（精神）」とした。後述するが、図6の「心」と図7の「心情」、図6の「（精神）」と図7の「精神」はそれぞれ別ものである。図6は「体と心（精神）」を一つの層で捉え

る一元論である。

　一元論は、プラトン（紀元前 427-347）、デカルト（1596-1650）、カント（1724-1804）の潮流を読み取ることができる。プラトンは、ロゴス（論理・概念）中心のヨーロッパ思想史の基盤をつくったとされる。プラトンは現実を否定的に捉え、正義によって理想（カロカガティア Kalokagathia：美にして善）に到達できると考えたとされる。「幾何学を知らざるものは入るべからず」と、感覚や経験的なものよりも数学的なものや理性的認識・悟性を重視し、理想の名の下に悟性（精神）で体や心情を支配しようとしたとされる[7]。魂の本質は思惟能力（精神）で、知性は霊魂のいちばん高尚な機能であるとされる。そして、精神で魂（心情）を支配し、一致させようとしたとされる[8]。人間を「体と心情と精神」と捉える考えは古代ギリシャに端を発するとされるので、プラトンもその例外ではなかったとされる。しかし、プラトンは心情を分裂的に把握し、かつ精神と魂（心情）の同一視が見られるとされる[8]。

　デカルトは、数学の明証性に知識の基盤を求め、感覚的（心情）世界を体系的に否定したとされる[7]。デカルトが古代ギリシャ以来の「体と心情と精神」から心情を破棄し、「体と精神」に二分したのは当然の帰結とされる。よく知られているデカルトの成句「我思う、ゆえに我あり（cogito ergo sum）」の「思う」は意識全般ではなく、「この哲学者が注目したのは感覚、表象、情感であるよりは、むしろ気づかれた感覚、表象、情感であったことは全く疑えない」[9]と、見えるもの、判断・認識・把捉可能なものに向けられる。まさに、自我そのものに人間の存在を見いだしたのである。感覚的なものは把捉不可能なものとして否定され、明晰に知覚可能で、理念化された悟性に価値を見いだしたのである。

　カントも力学的・機械的な見方を全面的にとったとされる。感性界をこえて、物自体としての知性界をプラトン的に考えたとされる[7]。そして、「あり（真なり）ということは、意識されてあり。」と、意識可能なものに目が向けられている。

　以上から、人間が「体と心（精神）」からなる考えは、精神と心情の同一視や混同が見られるとともに、見えるもの、意識・判断・認識・把捉可能なものが重視される。

　「体と心（精神）」からなる考えを基盤とする教師は、子どもに対して「心をしっかりしなさい」と話すことがある。心（心情）は体験による感応が受容されたものなので、しっかりしようがない。片や精神は意志が強まると執我（エゴイズム）となって生命を脅かす存在になるので、しっかりしなければならないのは心（心情）ではなく精神である。精神と心情を同一視しているから、何の疑いもなく「心をしっかりしなさい」と発するのである。精神から導き出される「よく勉強する」「態度がよい」なども正論である。正論だから、子どもは否定も反論もできない。正論を説いて解決するなら、誰も困らない。

　子どもに対して、自分の気持ちを大切にすることや、自分の考えや気持ちをきちんと伝えることの大切さを訴えるなら理解できるが、「心をしっかりしなさい」とは、何を言いたかったのだろうか。

　身なりを整え、品行方正で、先生の言うことには素直に従い、活発に活動し、帰宅後も家の手伝いをし、予習・復習に励み、成績優秀な子どもになることを期待しているのだろうか。子どもに「心をしっかりしなさい」と言う背景には、教師の考えに照らして、心がしっかりしていない子どもがいるという認識がある。

　子どもは、教師が期待するように行動するとはかぎらない。教師の考えで、子どもがしっかりしていないと断定するのはよくない。子ども一人一人には生育歴や家庭環境があり、資質・気質・性格なども異なり、反抗期もある。学習内容や学校生活に魅力を感じていないのかもしれない。教師の子どもに対する要求が高かったり、子ども自身の目標が高すぎるなども背景にあるのかもしれない。

　全ての子どもが、教師が期待するように、何事にも熱心に取り組むとはかぎらない。多様な子どもと喜怒哀楽をともにしながら、一人一人の個性・

資質・気質・性格に寄り添いながら学びを深め、人格の形成に寄与するのが教師の務めである。子どもがしっかりしていないと教師が判断したならば、上から目線で「心をしっかりしなさい」というのではなく、その背景を洞察して対応を考えなければ何も解決しない。教師が子どもに「心をしっかりしなさい」と言いっぱなしにするのは、無責任である。

　道端のリンゴの木からリンゴを勝手に取る場合、勝手に取るのは盗むことなので、道徳的に「盗むのはよくない」と教えても意味がない。この場合は、盗むのはよくないという意識（盗むことへの抵抗）よりも、取りたい気持ち（取ることを推進したい気持ち）が勝ったと考えなければならない。いっしょにいた友達が取らなかった場合は、推進よりも抵抗が勝ったからである。このように、行動は善悪で簡単に決めつけるのではなく、推進と抵抗という動向から考察しなければならない。善や正論を振りかざして、形式的・表面的に学ばせるのは意味がない。推進と抵抗は、心の働きではなく、精神の働きである。

　では、当の教師自身はどうなのだろうか。いじめやパワハラ・セクハラはいっさいなく、上司・組合・教育委員会などにいっさい忖度することなく、教材研究や研究・研修に積極的に取り組み、勤務中に携帯電話を操作することもなく、遅刻もなく、自家用車の制限速度超過や一時停止違反などもなく、喫煙もせず、朝帰りなどもない規則正しい生活をし、帰宅後も毎日家事を分担し、毎日夜遅くまで勉強し、社会人・教師として模範となるようにきちんとやっているとでも言いたいのだろうか。でなければ、子どもに話す前に、教師は自分自身に「しっかりしなさい」と言うべきである。

　教育で大事なことは、正論を押し付けたり、現象的・表面的にきちんとすることではない。精神の動向を、正しく理解することである。精神を執我ではなく捨我に近づけないと、子どもの生命は輝かない。捨我に近づけるということは、エゴイズムを克服することである。エゴイズムを克服するためには、意志を抑えなければならない。高すぎる要求や目標は、意志の最たるものである。さらに、心情の観得力を豊かに育み、心情の観得力が豊かに発

揮される形成を確かなものにしていかなければならない。

　しっかりしなければならないのは心（心情）ではなく精神である。勘違いしてはならない。勘違いするようでは、その教育が心配である。教師には、何よりも「精神と心情の区別ができていること」「我欲・執我として子どもの生命と敵対する精神を克服し、子どもの生命と協調する捨我としての精神を目指すこと」「心情の観得力を高めること」などが求められる。そのためには、人間を「体と心（精神）」からなると考えるのではなく、「体と心情と精神」からなると考えなければならない。

　クラーゲスによると、動物も「体と心」を有するが、動物には精神がないので心（心情）を認識することができないとされる。よって、人間を「体と心」からなるとする考えは、動物と人間を同一視することになる。

2）　体と心情と精神

　人間を「体・心情・精神」と捉える考えは、古代ギリシャの哲学者アリストテレス（紀元前 384-322）あたりに端を発するとされる。ドイツの哲学者クラーゲス（1872-1956 年）も、人間の生命は体と心情からなり、その生命に後から精神が闖入したとしている（図7、82頁）。

　系統発生学的にも人間の脳にある日突然、精神が闖入したとは考えにくい。動物（特に上陸後）に、その芽があると考えなければならない。また、人間に精神が闖入した当初は捨我が強く、その後徐々に執我が強まって現代に至っていると考えられる。

　人間の大脳は、主として感覚を司る「頭頂葉・後頭葉・側頭葉」と、自我に関わる「意欲・意志・思考・判断」を主として司る「前頭葉」に分けられる。元来、人間の大脳は動物に比べると大きいが、人間の「前頭葉」の大半を占める「前頭前野」も動物に比べると大脳の約 30％と異常に大きいことが知られている。このことからも、人間の自我に関わる精神が後から生命に闖入したことが説明できよう。

　クラーゲスによると、精神には捨我として生命に従属する精神と、執我として生命を支配・敵対する精神があるとされる。クラーゲスは主著『心情

の敵対者としての精神』（全3巻全4冊、うぶすな書院、2008）からも分かるように、主として、執我としての精神を徹底的に究明した碩学（せきがく）である。

　図7（82頁）は、体と心情からなる生命層と精神層の二階建て（二層）になっている二元論である。精神とは、自我である。自我は精神に宿り、精神の担い手とされる。自我は意志を働かせて、変化し続ける現実を自分の思いどおりにしようするとされる。よって、精神の本質は意志にあるとされる。

　精神に対して生命は一体な当事者ではなく、不可分な他者的な関係になる。生命と精神が他者的な関係になるということは、精神が生命に対して勝手に作用することを意味する。精神が生命と従属・融合する関係にもなれば、精神が生命を支配して抗争・敵対する関係にもなるということである。精神が生命と抗争・敵対するということは、精神が生命のよりどころである自然と生命を分断することを意味する。生命は自然と共存しなければ生きることができないので、自然支配・自然征服の根が、人間の精神に求められる。

　生命は体と心情からなるので、生命に後から闖入した精神そのものに生命性はないことになる。精神の表れである概念が生命的でないことは自明のことである。精神が人間の中心に座ると、人間の生命が精神にコントロールされることになる。

　「体」「心情」「精神」は単独で存在することができないので、「体」「心情」「精神」及び「生命（心情と体）」「精神」は連関し、相互に影響を受けることになる。

　体が疲労困憊（こんぱい）だと、心情も元気がなくなる。心情がときめくと、体も興奮する。このように、体は心情を現象し、心情は体の現象の意とされる。そして、体と心情は不可分かつ双極の関係とされる。また、精神の自我が執我として無理なことを強行すると、生命は萎縮する。生命が躍動すると精神は捨我として生命に傾聴する。

　人間は「こころ」と「からだ」からなるとの考え方に慣れ親しむと、「こころ（心情）」と「精神」の違いが理解しづらいと思われる。

表5　精神・心情・体の働き [10]

	受容面	実施面
精　　神	理解・判断	意志・意欲
心　　情	観　　得	形　　成
体	感　　覚	運　　動

　そこで、「表5 精神・心情・体の働き」を基に、人間の「精神」「心情」「体」の働きや、「心情」と「精神」の違いに触れたい。なお、表5はクラーゲスの考えを平易な言葉で表したものである。「精神・心情・体」には、「受容面」と「実施面」の2つの側面があるとしている。「受容」は「受け入れる知覚」のことで、「実施」は「受容」に基づく「行為・行動・発動」である。知覚があって、行動する。

　　ア　体（感覚・運動）

　まず、「体」を考えてみたい。人間も動物も、のどが乾くと、水を探して行動（運動）する。人間の場合は「のどが乾いたことを知覚」し、精神の働きである意志によって水道の水を飲んだり、冷蔵庫のペットボトルの水を飲むなど行動（運動）をとる。がまんすることもある。動物の場合は体の欲動に従い、水を求めて水場（川や沼など）に移動する。つまり、のどが乾いたという体の感覚が水を飲みたいという欲動（行動・運動）を推進する。

　人間には精神があるので意志によって水を飲んだり、がまんしたりするが、動物は体の欲動に従って水を飲む。水を飲むために体を動かす（移動する）ことは、人間も動物も共通である。このように、感覚は体に生じ、体の感覚と運動は双極で一体となる。

　　イ　心情（観得・形成）

　次に、「心情」を考えてみたい。動物は危機が迫ると声をあげて仲間に知らせたり、仲間が来ると笑顔で迎えたりする。人間にも動物にも心情はあるが、同一ではない。動物には精神がないから心情を自覚できないが、人間には精神が宿るから心情を自覚できるとされる。

　人間は精神が宿ることによって、心情で観得でき、心情が観得したものを言葉・音楽・身体・美術などで表出できる。形成である。形成とは、形を造りあげる働きである。形成は、芸術・文化となる。形成を造形や造形性能という場合もある。よって、形成と造形・造形性能は同義である。

　なお、植物は宇宙と呼応しながら生きている。植物の呼応は観得そのものであるが、人間のように目覚めていないとされる。動物にも観得性能はあるが、人間のように覚醒していないとされる。

　また、一般的には表出でなく表現が使われる。「表現」だと「表に現れる」という現象にすぎないが、「出る」には「主体的に出る・出す」意味がある。よって、「表」と「出」からなる「表出」は「主体的に表に出す」意味となる。私たちは表現という用語を日常的に使っているが、本来は「主体的に表に出す」意味の表出が望ましい。形成も、主体的に行われるべきものであることはいうまでもない。

　「感覚」は、肉体に備わっている感覚器官（五感や体性感覚など）が感じる知覚である。では、「観得」とは何だろうか。「観得」はあまり使われない言葉なので、どのような意味かは理解しづらいと思われる。

　「観得」[11] はクラーゲス著作の翻訳・刊行に精力的に取り組んできた東京女子医科大学精神医学教室の、千谷七郎・赤田豊治・柴田収一・平澤伸一・吉増克實らによる「Schauen、Schauung」の和訳である。広辞苑などにも載っていない意訳・造語である。「Schauen、Schauung」は一般的には「見る、注視する、観察する、感得する」などと訳されることが多い。クラーゲスによると、「性情（Wesen）」は形象に触れる体験によって体と心情が融合して感応することとされる。例えば、雲が山頂に向かって上っていく風景に見入っていると、ある威力が感応してくる。この威力が「性情」とされる。平澤伸一によると、「性情」は、クラーゲス哲学の最重要概念の一つとされる。「性情」の感知化・他者化が「心情」の受容面としての「観得」であり、更に心情の実施面として現れるのが形成とされる。これを流れで示すと、「形象（体験）」→「性情（感応）」→「観得（受容、感知化・他者化）」→

「形成［造形］（実施、表出）」となろう。

このように、「観得」は形象と融合・連関・同化して生命的に感応し、その感応を感知化・他者化する過程とされる。分かりやすくいえば、「頭や精神」で考えることではなく「体・心情」で感ずることであり、動物性器官である体壁系でなく植物系器官である内臓系で地球・宇宙の森羅万象のリズム、内臓波動を感知することといえよう。内臓系が感知するということは、植物性器官である内臓系に宇宙のリズム、森羅万象の意が生命記憶として太古から脈々と引き継がれ、刻み込まれてきたからとされる。

人間はまっさらな状態で生まれるのでもなく、生まれてゼロからスタートするのでもない。DNA に代表される遺伝もあれば、生後獲得していくものも多い。まっさらな状態で生まれたとするなら、目の前の花や樹木などの植物、動物・山・川などを見ても、物としてしか認識できないのではないだろうか。人間がこれらを見て畏敬や美などを観得するのは、そのベースに太古から脈々と引き継がれてきた生命記憶が刻み込まれているとしか思えない。

形象は視覚的な色や形でもなく、意識可能なものでもなく、そこに存在する物体でもない。形象は、森羅万象を全ての感覚によって時空的に体験される生命的な現象能力を意味している。形象は生命的な現象を形作るものとされ、意識することはできない。形象は目に見える形や色などの物理的な特性ではなく、森羅万象の生命性・魂・霊性・神秘・質・意味・おもかげ・象徴・心・遠感覚・めざめ・感動・共感・生命記憶・物種・感慨・道（老子）などのようなものといったほうが分かりやすいかもしれない。体験は無意識に行われる生過程だが、意識は体験内容の一部にすぎないとされる。

また、千谷によると、「経験は、理知の経験、即ち体験内容の理知的加工である」としている[12]。経験は体験そのものではなく、体験したあとに体験の一部が概念化・対象化されたものといえる。体験が無意識に行われるのに対して、経験は意識することが可能である。体験は現実の生過程であるのに対して、経験は現実から分離されるので生命性がなくなるとされる。

「観得」は国語辞典や漢和辞典にも載っていないので、載っている「感得」でもよさそうである。「感得」は「感じて会得したり、感じて悟る。」こととされる。

「感」には「ショックによって心を動かす」「ショックが心にこたえる」意味がある。よって「感得」は「外部からの強い刺激（ショック）によって感じて会得したり、悟る。」意味になる。そのため、意識することができない「形象と融合・連関・同化して生命的に感応し、その感応を感知化・他者化する過程」である「Schauen、Schauung」を「感得」と訳すことができなかったと思われる。「外からの強い刺激」が前提になっている「感得」は、生命的で無意識に感応して感知化・他者化することを旨とする「Schauen、Schauung」の意味にはほど遠い。

一方、「観」には「そろえて見渡す」意味がある。よって「観得」は「外部から強い刺激をを受けて見たり、部分的に見たりするのではなく、ありのままに全体をみる。」意味になる。簡単に言えば、「観得」は先入観や特定の考え方で意識的に切り取るのではなく、目の前で繰り広げられることに対してありのまま共感的に感応し、感知化・他者化することといえる。

よって、「観得」は「感覚」や「意識」ではなく、主観的にみたり、概念的にみたり、科学的にみたりすることでもない。少し難しい言い方になるかもしれないが、「諸形象にこころを開いて、諸形象の意をありのままに感応・感知すること」「時間的にも空間的にも連続して変化し続ける形象に自分の生命・心情が融合・連関・同化する感応体験を感知化・他者化する過程」が「観得」とされる。なお、クラーゲスのほかの訳語では「感知化・他者化」が近いと思われる。

心情は精神が関わることによって、観得と形成をもたらす。例えば、石の塊に仏の姿を見いだし、石を削って仏像を彫りだしたとする。仏の姿を見いだしたのが観得で、仏像を彫りだしたのが形成である。この観得と形成が、人間の心情の働きである。

教師は体験を通して、心情の観得力と形成力を磨くことが求められる。

授業過程における子どもの姿を、教師の先入観や価値観なしにいかにありのままに感知できるか、そして感知したものをいかに教師の言動に反映できるかが問われることになる。

　ただし、心情は単独では存在できないので、体が優勢なときは強い感情に、心情が優勢なときはしみじみした深い情調になるとされる[13]。 また、精神が心情よりも優勢なときは心情が精神に拘束される。反対に精神が心情に従属・融合すると心情が輝いて豊かな芸術・文化が生まれるとされる。

　このように、心情も体と同様に精神の影響を受ける。「体」「心情」「精神」がそれぞれ連関しているので、相互に影響を受けるのは当然である。

ウ　精神（理解・判断、意志・意欲）

　人間は動物と違って、精神によって理解・判断が可能になる。そして、理解・判断にとどまらず、何かをしようとする意志・意欲によって具体的な行動を起こすことになる。理解・判断にとどまると問題はないが、人間はしばしば意志・意欲がもたらす言動によってさまざまな弊害を生み出している。

　精神が自我であることは、前述したとおりである。表6（96頁）のように、人間は自我にとらわれず自我から解放されることもあるが（捨我）、自我にとらわれたり、自我に拘束されることもある（執我）。

　捨我は「無欲」、執我は「我欲・欲張り・欲かき・わがまま」ともいえる。執我の本質は意志であり、意志から発するエゴイズムである。

　精神が捨我のときは生命が自我に縛られないので、生命と精神が協調し、生命が躍動する。体が疲れを訴えているときに精神が捨我として体に傾聴してじゅうぶん休めば、心情もさえて生命が躍動する。

　片や、精神が執我のときは生命が自我に縛られるので、生命が精神に拘束・支配され、生命が萎縮する。疲れたり、睡魔が襲っても無視して徹夜を強いる意志は執我としての精神である。登山中に疲れがたまっているのに、強行する意志も執我としての精神である。

　精神が執我としての体を支配すると、生命は悲鳴をあげる。生命が精神の

支配下に置かれ、生命が精神にコントロールされる。執我としての精神が体を酷使すればするほど、心情の貧困にも拍車をかける。これは、人間のみに起こることである。なぜなら、人間だけが精神を持っているからである。

　子ども自身が「こうありたい」「○○ができるようになりたい」などの目標を持つことは、悪いことではない。問題は目標の内容である。目標が高ければ高いほど、エゴイズムが強まる。教師が子どもに対して要求することは、悪いことではない。しかし、教師の要求が高すぎると子どもに無理強いすることになる。

　目標や要求が高すぎると生命に無理をさせてまでも目標や要求を達成しようとするので、子どもの生命を脅かすことになるとともに、他人や自然も脅かすことになる。無理な目標や要求を達成しようとすると、戦略や策略をめぐらし、不合理なことにも平気になる。

　目標及び要求の内容、達成の道筋は自分の生命のみならず、他人や自然と共存できるものでなければならない。生命と対話しながら、生命に傾聴しながら行動しなければならない。

　表6（96頁）から、教師が捨我の状態に近づくということは、子どもという生命に傾聴することである。そのためには物事に対する感激性能を高め、情熱や親切などを重視するとともに、子どもの行動を静観することが大切になる。また、執我を克服するということは、教師の論理的・概念的思考である理性から解放されるとともに、子どもを上から目線で支配しようとしたり、授業の成果を渇望したり、独善的になったりしないことである。

（2）自　我[14)]

　クラーゲスによると自我は精神に宿るとされるので、自我は精神そのものといえる。そして、自我の働きには捨我と執我があるとしている。自我の英語がegoであることからも推測できるように、自我の本質は執我、つまりエゴイズムである。精神の動向である捨我と執我は、白と黒のようにはっきりと分かれているものではない。捨我と執我には両極性もあるが、二重

性や拮抗性（動向間の抗争）もある。捨我と執我の強さもさまざまとなる。よって、捨我だけの人間も、執我だけの人間もいない。例えて言えば、善だけの人も悪だけの人もいない。極悪人でも善人の面を持っているし、善人でも悪人の面を持っている。犯罪者も、犯罪を犯す瞬間や前後に躊躇したり、悩んだり、反省することがある。

　赤田豊治によると、捨我とは自然や他者に傾倒（傾聴［筆者］）し融合せんとする自我であり、執我とは自我を主張する自我である。捨我によって、自然や他者に開かれ、生命も解放される。執我によって、自然や他者に閉ざされ、生命も拘束されることになる[15]。

　教師自身の自我のありようでもある捨我と執我の動向は、簡単には変わらない。教師が知識・技能を増やしたり高めたりすることは難しくないが、自我と強く結びついている教師の教育観・思考観・人間観を変えることは容易ではない。

　しかし、捨我と執我の本質を理解し、教師の精神（自我）がより捨我の状態になるように意識することによって、子どもの生命が輝くことが期待できる。子どもの生命が輝くためには、教師が捨我と執我の違いを通して、捨我を理解し、教師の言動から捨我が自然とにじみ出なければならない。

　捨我と執我は、その人がその時にどちらの傾向が強いとか、その時にどちらかの傾向が表れるかであって、両面を必ず持ち合わせている。何かをしようとすれば、必ず、それを止めようとする意識も働く。捨我が強くなったり、執我が強くなったりして、動向間の抗争が起こる。

　また、執我にもさまざまある。大がかりな自然破壊や大量殺戮などの強い執我もあるが、身体に無理してまで勉強するような執我もある。物欲・金銭欲・支配欲・名誉欲、教師が子どもに教えようとする教示欲・教授欲・指図欲なども執我に起因する。

　木を切り、沼や海を埋め、山を崩し、川をせき止めたりするのも執我の働きである。これらは、人間の欲望・我欲・私利私欲である。戦争は領土拡大欲・資源獲得欲・支配欲である。自然破壊・動植物の根絶なども執我の働

きである。「これで足れり」とは縁遠い、欲望まる出しである。ここには、自然や他人を敬い、共存しようとする知恵はみじんもない。

　一方、芸術にも表現欲の面があるのは否定できない。心情が観得したものをありのままに形成した捨我として優れた作品もあるが、プロパガンダのような執我としての芸術もあるからである。さらに、作為性を強めた作品、賞を取ることが目的化した作品、見た目の美しさにとらわれた作品、評価された作風に縛られる作品も執我によってもたらされる。

　表6は、「捨我」と「執我」を簡略的に表したものである。表7は、表6「執我（拘束）」の「個人的動向」の詳細版である。

　動向は、感情・関心・意欲・追求のもと（素地）とされるので、心そのものである。また、動向には動向間の対立があるとされる。例えば、「捨我と執我」「自我（精神）と生命」「感情と意志」などである。

1）捨我と執我

　捨我及び執我の特質は、次の「ア　捨我」及び「イ　執我」のようにまとめることができる。なお、詳細な内容は「2）精神的動向」及び「3）個人的動向」で言及する。

ア　捨　我

　精神（自我）が捨我のときは、「自我が捨てられ（捨我）、生命が自我から解放された状態」であり、「自我・精神が生命に対して受け身の受動的な状態」である。自我が捨てられる分、自然や他者に傾聴することが可能となると同時に、自然や他者に融合することができる。自然や他者に閉ざされることがないので、生命が躍動する。観得力や形成力も高まり、豊かな芸術・文化が生まれる。

　先史時代は精神が生命に従属していたので、生命が充実し、豊かな芸術・文化が生まれたとされる。

　自我が捨てられ、自我から解放されことによって、真理・美・適正愛などを通して、感激性能がもたらされる。捨我には自発的捨我や受動的捨我などのタイプがある。自発的に自我を捨てることによって郷土愛・動物愛・情

表6　動向の体系（捨我と執我）[16]

捨我（解放）	執我（拘束）
精神的動向	
1′ 感激性能 　a　真理渇望、認識欲 　b　造形衝動 　c　適正愛、誠実、忠実	1　理性性能 　a　理論理性性：事理性、批判 　b　美的理性性：様式欲求 　c　倫理理性性：義務感、良心、責任感
個人的動向	
2′a 自発的捨我 　　郷土愛・動物愛等、情熱、讃歎、崇拝 　　喜捨、献身、自由衝動、エロス・アガペー	2a 自我拡大傾向（自発的エゴイズム） 　　行動欲、攻撃欲、自利、取得欲、支配欲、 　　名誉欲、虚栄、「エゴイズム」、自己表示欲
2′b 受動的捨我 　　親切、善良、温かみ、忠実、柔和、静観	2b 保身傾向（受動的エゴイズム） 　　慎重、不信、心配、虚偽、自己評価欲、 　　警戒、打算、恐怖
2′c 反応的捨我 　　関与、同情、諦観	2c 個人我復旧動向（反応的エゴイズム） 　　我意、反抗、頑固、気を悪くしやすい、羨 　　望、復讐心、嘲笑癖、意地悪な喜び、邪推
3′a 精神的拘束の不足 　　愚行、無知	3a 感激性の不足 　　味気ない、冷たい、乾燥、残忍
3′b エゴイズムの不足 　　無私、我慢、謙遜、気楽	3b 愛の性能の不足 　　冷酷、無関心
4′　官能的捨我 　　生の衝動、性愛、陶酔	4　官能的享楽欲 　　欲動昇華、快楽欲、欲動変質
5′　自制の不足 　　無節度、無拘束、パニック	5　自制 　　節制、克己、抑制、堅固
情熱 ― 畏敬　　　　　　基本情調　　　　　　能動性 ― 確信 矜恃 ― 謙虚　　　　自我感情の両極　　　　自負 ― 自棄 明朗 ― 気鬱　　　　　気分の両極　　　　成功の快 ― 無力		

熱・献身などが生じ、受動的に自我を捨てることによっては親切・忠実・温かみなどが生まれるとされる。そのほかに、謙遜・謙虚なども自我・我欲が捨てられ、自我から解放されることによって生まれるとされる。

イ　執　我

　精神（自我）が執我ときは、「自我にとらわれ（執我）、生命が自我に拘束・支配された状態」であり、「自我・精神が生命に対して能動的な状態」

である。自我にとらわれるため、自然や他者に傾聴することが困難になる。自然や他者が発する声よりも、自分の考えや都合が優先する。多様性を無視して概念化したり、統一したり、規範化したりする。概念化・統一・規範化は多くの要素を切り捨て、その範囲でしか把捉できない宿命がある。

　自我の本質は、エゴイズムである。精神が執我ときは、精神が自我に支配された状態なので、執我はエゴイズムそのものである。自分の考えを優先する自我の実行者としての執我は自分の利益を優先するので、その言動は他人・社会・自然・環境などにダメージを与える。

　次に、表6（96頁）と表7（100頁）を基に、「捨我と執我」及び「エゴイズム」の具体的な内容について考えてみたい。

2）精神的動向

　表6の「精神的動向」は、人間に普遍的な「精神」の動向であり、「個人的動向」のベースになる。

ア　理性性能（執我、拘束）

　表6では、「執我（拘束）」の精神的動向に「理性性能」が挙げられている。理性は人間たるゆえんなので何が問題なのかと、疑問に思う人が多いと思われる。そこで、表6に掲げられている3つの理性を考えてみたい。

　「**理論理性性**」は、意志によって事の道筋を明らかにすることである。自然に逆らって時間を止め、一定の概念によって把捉する行為である。「理論理性性」は一定の概念で把捉する行為なので、その概念の範囲でしか捉えられない宿命がある。

　「**美的理性性**」は、多様性から統一を作り出すことである。統一も概念である。統一することによって、リアルな多様性が捨てられる宿命がある。

　「**倫理理性性**」は、一定の行動規範を明らかにする行為とされる。行動規範そのものは、一見すると正論のように思われる。しかし、多様な人間がいて多様な考えがあるので、一定の行動規範を一律に当てはめることはできない。一定の行動規範も概念である。

　以上から、「理性性能」とは、人間の意志による概念化である。概念化

は、概念化した分しか認識できない宿命がある。教師の理性性能が自我として強く働くと、教師自身の「教育観・思考観・人間観・基準・知識」にこだわることになる。その結果、教師の理性性能は子どもの生命に教師の「教育観・思考観・人間観・基準・知識」で枠をはめて、子どもの生命を拘束することになる。

　一方、表6では、「執我（拘束）」の「精神的動向」である「理性性能」に対して、「捨我（解放）」の「精神的動向」として「感激性能」を挙げている。

イ　感激性能（捨我、解放）

　「感激性能」は、「理性性能」の真逆を考えればよい。「感激性能」は自我の働きが遠ざかる「捨我」によって、現実にありのまま開かれることによって生まれる。「感激性能」は、真理渇望・認識欲、造形衝動、適正愛・誠実・忠実の3つに分類される。

　「理性性能」の「理論理性性」には「感激性能」の「真理渇望（真理愛）・認識欲（情熱的認識欲）」、「美的理性性」には同じく「造形衝動（愛美・造形愛・創造的熱狂）」、「倫理理性性」には同じく「適正愛・誠実愛・真の忠実」が対応する。

3）　個人的動向

ア　捨我（解放）

　「自発的捨我」は、非人間界に対する「自然愛・郷土愛・土などへの愛・動植物愛・芸術愛・宇宙愛・祖先崇拝」などである。これらは、教師自身はもちろん、子どもにとっても重要である。子どもに対しては、「献身的な愛や情熱・畏敬心や崇拝心・賛嘆」などが重要である。

　「受動的捨我」では、親切かつ柔和で誠意を持って、子どもの活動を温かく見守る（静観）ことなどが大切になる。「反応的捨我」では、慈愛を持って子どもの活動の本質に寄り添いながら（同情、共感しながら）見守る（諦観）ようにしなければならない。エンパシーである。

　さらに、教師は自身の欲望を忍耐強く我慢するとともに、教師自身の「教育観・思考観・人間観・基準・知識」を保留して、謙虚に、無私無欲になっ

て子どもに接しなければならない。

イ　執我（拘束）

　表6（96頁）の「執我（拘束）」欄にあるそれぞれのエゴイズムは、対応する「捨我（解放）」欄と両極性の関係がある。片方だけで捉えようとすると、理解がふじゅうぶんになる。両方を対比して、それぞれの本質の理解に努めなければならない。

　エゴイズムは動物にはないが、その動向に差はあっても人間なら誰にでもある。エゴイズムは自我の正体であり、我欲である。自分を優先する精神の働きであり、意志によってもたらされる。

　エゴイズムは表6及び表7のように、次の5つに分類される。

①自発的エゴイズム〜自我を拡大させようとするエゴイズム

②受動的エゴイズム〜自我を保持して保身を図ろうとするエゴイズム

③反応的エゴイズム〜自我を復旧しようとするエゴイズム

④孤立的エゴイズム〜自我が高上り過信しようとするエゴイズム

⑤誘致的動向〜エゴイズムを生じやすくする動向

　次に、各エゴイズムを見てみたい。

・自発的エゴイズム

　自発的エゴイズムは「行動欲」を生み、「支配欲・優越意志・顕示欲・所有欲・獲得欲・知識欲・私欲（営利欲・商魂など）・名誉欲・感情的エゴイズム（迎合心など）」などとなる。「憎悪・惨忍」なども生む。

　教師自身は自覚できないかもしれないが、教育は教師よりも年少で、教師よりも知識や能力に劣っていると思いがちな子どもを対象に行われる。そのため、よほど気をつけないと上下関係が生まれ、教師が上から目線になりやすい状況がある。授業で、教師の考えを優先させると、結果的に教師の「教育観・思考観・人間観・基準・知識」で子どもを支配することになる。「支配欲」は、自発的エゴイズムである。上から目線には、子どもよりも自分が優秀（優越）であるとする教師の思い込みが潜んでいる。子どもに対する、「誠実さ・温かみ・親切・尊敬・愛」はおのずと稀薄になる。

表7　エゴイズム[17)]

Ⅰ　個人的我拡大傾向（自発的エゴイズム）	Ⅲ　個人的我復旧の動向（反応的エゴイズム）
1　中性的なもの＝一般的な意志優勢 　　a）精神的拘束のないもの 　　　性悪、憎悪、惨忍、破壊意志、悪魔的 　　b）精神的拘束のあるもの 　　　企業心、活動欲、成果渇望、行為衝動 　　　（名誉欲、「恣意」、更新癖） 　　　（自律の意志） 　2　特殊なもの 　　a）獲得欲 　　　所有欲、節約欲、守銭奴、（貪欲）、 　　　蒐集欲、しみったれ、けちん坊、吝嗇、 　　　（好奇心、習得欲、知識欲） 　　b）私欲 　　　営利欲、射利心、商魂、（貪欲） 　　c）支配欲 　　　権勢欲、優越意志、序列感情、階級意 　　　識、愛顧心 　　d）名誉欲 　　　称賛欲、顕示欲、妥当欲、賛同願望、 　　　名声欲、（虚栄）、精神的重鎮欲、 　　　未開形態：男性の装身欲 　　e）感情的エゴイズム 　　　迎合心、「媚態」、愛されたい意志、 　　　未開形態としての女性の装身欲に関与 　　　する Ⅱ　個人的我保持の動向（受動的エゴイズム） 　1　中性的なもの 　　用心、顧慮、警戒、打算 　2　特殊なもの 　　臆病、邪推、猜疑、（羞恥） 　　狡猾、狡智、老獪 　　不実、虚偽、偽善	1　中性的なもの 　　反抗精神、抵抗心、独善、（気まぐれな恣 　　意、闘争好き） 　　頑固、頑冥、片意地、固陋、依怙地、つ 　　むじ曲り、不従順、不服従、天邪気 　2　特殊なもの 　　過敏、傷つきやすい、悪意にとる、根に 　　持つ、和解しない、報復心、復讐心 　　口論癖、喧嘩買、非妥協性 　　嘲笑癖、批判癖、皮肉 　　鉄棒曳、権謀術数癖 　　羨望、猜疑、悪意、「生の羨望」 　　他人の不幸を喜ぶ、意地悪、陰険 　　（嫉妬） Ⅳ　個人我高上りの動向（孤立的エゴイズム） 　孤立欲、独思、 　自己注察傾向、自己観察傾向、 　自己関係づけ、自己中心主義、 　関係妄想、―「イディオスティスムス（孤 　陋）」、 　（感傷、感じやすい） Ⅴ　誘致的［エゴイズムを生じやすくする］ 　動向 　1　精神的拘束の不足 　　党派性、皮相的、表面的、 　　信用がおけない、頼りなさ、無責任、良 　　心欠如、 　　お天気屋、無定見、威厳がない 　2　解放の不足 　　気の抜けた、無味乾燥、無感性的、 　　冷たい、冷酷、冷淡、 　　無情、無慈悲、「情性欠如」

　自発的エゴイズムには、「迎合心」もある。子どもの学びを優先的に考えるのではなく、学校や同僚及び教育界などへの迎合も考えられる。忖度や事なかれ主義にも通じる。

　次に「成果渇望」がある。教師としての成果を求めるあまり、子どもの主体性・心情・思い・考えを無視してハードな計画を立て、叱咤激励して取り組ませる教師がいる。展覧会での入賞を意識して、教師が構想した作品づくりに子どもを付き合わせる。スポーツ大会での優勝を目指して、ハードな練習を子どもに強いる教師も少なくない。教師の成果渇望が、子どもの生命をゆがめる。子どもの輝きよりも、教師としての成果を優先した授業・部活動になるのは否定できない。

　子どもの頃から、スポーツや試験で競争を繰り返したり、勉強して多くの知識を得ることでいい成績を目指すのは問題なさそうだが、「競争心・知識欲・成果渇望・序列感情」などは自発的エゴイズムとされる。スポーツしたり、勉強したりすることを問題にしているのではない。相手に勝ったり、いい点数をとることを目標にしないで、楽しみながら身体を動かしたり、子どもなりの学びをじっくり深めることが重要である。競争と成績に象徴される学歴社会が、エゴイズムを助長する温床になっている。

　資源を根こそぎとるのも、「所有欲・収穫欲」という自発的エゴイズムである。マタギに同行したことがあるが、マタギにとっては山の幸を絶やさない収穫があたりまえであった。必要な量しか収穫しなかった。フキを採取したときは1株から生えている3本のうちの1〜2本を残したうえで、切り取ったフキの根元を強く踏みつけていた。踏みつけた理由を尋ねたら、そのままにしておくと切り口に雨水がたまって根元が腐り、やがて死滅するからということだった。ここには、人間と自然が共存する思想がある。貪欲なエゴイズムはない。マタギの考えから学ぶことは多い。組織や国家も人間が動かしているので、エゴイズムは個人のみならず、組織や国家にも蔓延している。

　また、「自己表示欲・自己評価欲・名誉欲」がある。「自己表示欲・自己評

価欲・名誉欲」は上から目線に内蔵されている。障がい者の展覧会で、子どもや子どもの表現（作品）よりも、企画者である教師などが全面に出ているものも散見される。本来、黒子であるべき教師が主人公たる子どもよりも前に出てきているのは、教師の「自己表示欲・自己評価欲・名誉欲」の現れである。子どもの活躍が教師といっしょの写真で新聞に掲載されているのも、同類である。

　教育と関係ないが、地方自治体の長が、マスコミに露出することのなんと多いことか。本来やらなければならない地方自治体の長としての業務があるはずなので、広報は担当者に任せるべきである。本来の業務に支障を来していないか心配になる。マスコミに露出するのは「自己表示欲・自己評価欲・名誉欲」の現れであり、しょっちゅう露出することによって、次の選挙で当選したいのかと勘ぐりたくなる。マスコミを利用して自分を宣伝・アピールし、選挙運動している側面があるのは否定できない。地方自治体の長がマスコミに出なくても、住民は何も困らない。マスコミへの露出の有無に関わらず、地域住民の生活・文化・教育・福祉などの向上こそ、地方自治体の長には求められる。ここで、地方自治体の長の例を持ち出したのは、人間にとって、いかに「自己表示欲・自己評価欲・名誉欲」が強いかを言いたかったからである。

・受動的エゴイズム

　受動的エゴイズムの「用心・慎重・猜疑（さいぎ）・打算・不信・虚偽・意地悪・陰険・悪意・不信・用心・警戒・臆病・偽善・不実」などは、保身のために、子どもや同僚の言動などに端を発する。子どもを信じなかったり、同僚などにうそをついたり、やっかんだりすることなどにもつながる。

　政治家・行政機関・学校・大学・企業などは問題を起こすと、率直に認めればよいのに、言い訳したり、虚偽の答弁を繰り返したりすることが多い。一度虚偽すると引っ込みがつかなくなって、虚偽を塗り重ねる袋小路に逃げ込まざるをえなくなる。そして、真実が覆い隠されてしまう。

　個人であれ、組織であれ、ミスは付きものである。ミスしたら率直に認

めて、今後ミスしない対策を講じればよいだけなのに、それが保身のために
できないのである。保身もエゴイズムである。誠実さとは真逆である。

　政治家、中でも政権を担っている政府は国民の幸福を増進する使命があ
る。中央官庁の役人も、国民全体の奉仕者とされる。政府や官庁はエゴイズ
ム克服の社会をつくる先頭に立たなければならないのに、皮肉なことに自ら
の言動を通して、逆にエゴイズムに市民権を与える先導的な役割を果たして
いる。エゴイズムに毒された政治家・役人がいくら、国民の幸福、住みやす
い社会、福祉の充実といってもちゃんちゃらおかしい。それを本気で目指す
なら、誰がみても誠実さにあふれる政治家・役人でなければならない。現状
を考えると、絶望的である。だから、幼少期からエゴイズムを克服する体験
を積み重ねて、将来に期待するしかない。

　政治家・行政機関・学校・大学・企業・教育委員会などの保身のための
エゴイズムが放置されると、それが手本・基準・習い性となり、社会にエゴ
イズムが蔓延する。エゴイズムの放置は、悪影響このうえない。

・反応的エゴイズム

　反応的エゴイズムの「他人の不幸を悦ぶ・邪推・頑固・復讐心・反抗・不
服従・子どもを叱る・独善・頑固・羨望・嘲笑癖・意地悪な喜び」などの背
後には、教師の自我（執我）がある。主体的な子どもの活動を尊重すれば、
教師は子どもの活動を受容しなければならない。教師が、かたくなになって
は子どもの生命は輝くことができない。捨我と違って、感激性が不足するの
で、冷たく、味気なく、無関心になりやすい。

　教師の理性は概念にすぎず、執我の産物である。子どもの前では、理屈
や正論やたてまえになりがちである。教師が理性を堅持しようとしたり、教
師の言動に確信や自負を持ったり、教師中心に考えたりするのも、執我の働
きである。教師が考えたとおりにいかないと、感情的（自棄）になることに
もつながる。

・孤立的エゴイズム

　自我が高上り、自分を過信しようとするので、「自己中心主義・孤立欲・

独思」などになる。他との交流が重要になる。

・誘致的動向

　誘致的動向とは、エゴイズムを誘致し、エゴイズムを生じやすくすることである。「無責任・無定見・良心欠如・冷淡・冷酷」などになる。自分の心情に素直に生きることが重要になる。

・誰もが納得できると思われるエゴイズムの具体的内容

　以下に列挙したエゴイズムは人間として望ましくないものなので、エゴイズムとすることに異論のある人はいないと思われる。(括弧内は筆者による補足)

　性悪 (性質が悪い)、憎悪、惨忍、破壊意志、悪魔的、行為衝動、守銭奴 (お金に欲深い人)、しみったれ、けちん坊、営利欲、射利心 (手段を選ばずに利益得ようとする)、攻撃欲、名誉欲、名声欲、私欲、商魂、支配欲、権勢欲 (権力を握って威勢よくしたい)、優越意志、序列感情、階級意識、愛顧心 (ひいき)、称賛欲、顕示欲、妥当欲、賛同願望、虚栄心、精神的重鎮欲、装身欲、迎合心、媚態 (こびる)、愛されたい意志、用心、不信、顧慮、警戒、打算、臆病、邪推 (意地悪い推量)、猜疑 (ねたみ疑う)、羞恥 (はじらい)、狡猾 (ずる賢い)、狡智 (ずるい考え)、老獪 (経験を積んだ悪賢さ)、不実 (誠実でない)、虚偽、偽善、反抗精神、抵抗心、独善、気まぐれな恣意、闘争好き、頑固、頑冥 (かたくなで道理が分からない)、片意地 (自分の考えを執拗に通す)、固陋 (習慣や考えに固執して他を受け入れない)、依怙地 (意地を張る)、つむじ曲り (ひねくれた性格)、不従順 (従わない)、不服従 (抵抗する)、天邪気 (ひねくれ)、過敏、傷つき易い、悪意にとる、根に持つ、和解しない、報復心、復讐心、口論癖、喧嘩買、非妥協性、嘲笑癖、批判癖、皮肉、鉄棒曳 (大げさに触れ回る)、権謀術数癖 (たくみに人を欺く策略)、羨望 (うらやむ)、悪意、他人の不幸を喜ぶ、意地悪、陰険 (陰で悪いことをする)、嫉妬 (うらやみとねたみ)、孤立欲、独思、自己中心主義、関係妄想、孤陋 (見識が狭く偏る)、感傷、党派性、皮相的、表面的、信用がおけない、頼りなさ、無責任、良心欠如、

お天気屋（ころころ変わる）、無定見（定まった考えや意見がない）、威厳がない、気の抜けた、無味乾燥、非感性的、冷たい、冷酷、冷淡、無情、無慈悲など。

・エゴイズムではないと誤解されやすいエゴイズムの具体的内容

以下の具体的内容はエゴイズムと思わないかもしれないが、執我（拘束）のエゴイズムに含まれることに留意しなければならない。

企業心、活動・行動欲、成果渇望、獲得欲、慎重、心配、所有欲、節約欲、貪欲、蒐集欲、好奇心、習得欲、知識欲、自己注察傾向、自己観察傾向、自己評価欲。

中でも、「活動・行動欲、慎重、心配、好奇心・習得欲・知識欲」を意外と思う人が多いかもしれない。好奇心や探究心は大切である。しかし、それが知識欲というエゴイズムに向かうと、本人は気づかないかもしれないがエゴイズムを自ら育んでいることになる。

漢字を覚える場合も、形象の本質を洞察した先人に学ぶのは意味があるが、一つでも多くの漢字を機械的に覚えて、少しでもよい点数を取ることを目的とするのは知識欲というエゴイズムそのものである。漢字の豊かな象徴の世界が、知識獲得欲というエゴイズムに豹変する。活動・行動欲は、意志を強めて生命に無理を強いるからである。

何かをする場合に情熱は大事だが、「○○しなければならない」「いつまでに○○を達成したい」という意志が強まると、心情や体の声を無視しかねない。慎重及び心配は、保身の表れである。保身とは、自分の自我・我欲を守って保持しようとする働きである。用心・警戒・臆病・不実・虚偽なども、慎重・心配と共通する。好奇心・習得欲・知識欲は、獲得欲に含まれるからである。獲得欲は、所有欲でもある。獲得欲は守銭奴（お金に欲深い人）などをもたらす。

・エゴイズムのまとめ

人類の先史時代や現代の先住民族では執我が強くなく、人間の生命や自然と協調している。現代に近づくほど執我を強め、人間の生命や自然と敵対

してきているのは明らかである。執我の暴走によって、生命・自然・文明は危機に瀕している。

　教師の精神が執我として子どもを拘束するのではなく、教師が自我から解放された捨我の下で子どもが主体とならなければ、子どもの生命は輝くことができない。

　なお、意志は「支配欲・私欲・競争心」などの我欲・執我から発するものが圧倒的に多いと言われている。教師の意志も気をつけなければならない。

　幼少期の子どもにもわがままなどのエゴイズムの芽はあるが、大人ほどのエゴイズムはない。心情あふれる純心さや無心さが勝っている。大人になるにつれてエゴイズムが強まるのは否定できない。しかも、エゴイズムは、味を占めるとますます強化されるからたちが悪い。幼少期の子どもをみていると、人間は生来からエゴイズムを持っているが極めて弱いことが分かる。

　残念ながら、エゴイズムを克服するための対策が家庭・保育・教育・社会で積極的に講じられていないのは否定できない。ということは、現状の家庭・保育・教育・社会そのものがエゴイズムを助長しているといえる。

　エゴイズムが支配する人間・社会・文明を克服するためには、家庭・保育・教育・社会がエゴイズムの克服に積極的に取り組まなければならない。そのためには、人間が持つエゴイズムを他人事ではなく、自分自身の切実な問題として捉えることができるかにかかっている。

4）　授業における教師の自我

　表6（96頁）・7（100頁）から教師の自我の動向を導いたのが、表8である。なお、表8の「諦観」は「諦める」ことではない。「諦観」の意味は、本質を見極めることである。表8では「「捨我」と「執我」に13の内容を挙げたが、メインは内容1段目の「子どもの都合に合わせる」と「教師の都合に合わせる」である。「子どもの都合に合わせる」は「子どもの学びに合わせる」こと、「教師の都合に合わせる」は「教師の都合を優先する」ことであるのは言うまでもない。

　例えば、造形教育では平面である絵画や版画も重要だが、立体である粘

表8　教師における自我の動向 [18]

捨　我 教師が自我から解放される 教師の意志が強くない	執　我 教師が自我に拘束される 教師の意志が強い
子どもの都合に合わせる	教師の都合に合わせる
教師が自分の考えに謙虚	教師が自分の考えに自負と確信
指導することに柔軟	指導することへの強い義務感と責任感
子どもの活動を温かく静観・諦観	子どもの活動に対する心配と迅速な対応
子どもへの寄り添い（愛・献身・リスペクト）	子どもを支配
子どもの活動に感激	子どもの活動を分析・評価
子どもの活動を受け入れて育む	教師の考えに誘導
驚嘆・愛・手本	指図・命令・禁止
子どもにとって適度な目標・要求	子どもにとって高すぎる目標・要求
現実学的認識・共感的認識・感動的認識	自然科学的認識・概念的認識・把握的認識
現実学的思考・指示的思考	把握的思考・概念的思考
子どものビオス（生）中心	教師のロゴス（論理）中心
教師と子どもの共同	教師主導

土や工作も重要とされている。中でも、可塑性に優れる土粘土の学びに対する有効性は実証されている。それなのに、現場は絵画に偏重している傾向が強い。

　絵画の準備は、紙と描画材料で済む。土粘土のように、焼成も必要ない。作品の保管も、絵画は重ねて置けるが、土粘土は重ねて置けないので広い場所を確保しなければならない。土粘土は活動場所が汚れるので、その対策も必要である。このように、準備・活動・後片づけ・作品の保管は絵画よりも土粘土のほうが圧倒的に教師の労力を必要とする。

　土粘土が子どもの学びを創造する極めて優れた素材なのにあまり取り上げられないのは、教師が絵画のほうが労力が少なくて済むと考えているのは明らかである。教師の都合で土粘土よりも絵画に重きを置くのは、教師の意志である。意志は執我の本質であり、執我の本質はエゴイズムである。

　教師が、1年間にどのような題材を取り上げるかが問題になることはほと

んどない。よって、教師の労力が少なくて済む絵画を多く取り上げて、多くの労力を要する土粘土を取り上げなくても済む。土粘土を取り上げないのが、よもや教師のエゴイズムであるとは誰も思わないだろう。

　精神の捨我と執我の二つの働きから、教師の精神は捨我でなければならないことは繰り返し述べてきた。なお、教師の精神が捨我でなければならないことを理解するだけでは意味がない。実際の授業に活かさなければ意味がない。

　授業にどのように活かすかのモデルはないので、教師自身が考えるしかない。捨我を基盤にした望ましいものだけではなく、執我を基盤とした望ましくないものも理解しなければならない。なぜなら、「望ましいもの」と「望ましくないもの」を対比することによって、教師として「望ましいもの」がより鮮明になるからである。授業における「望ましいもの」と「望ましくないもの」を明らかにすることは、学びの本質に関わる極めて重要な授業構想である。表面的な指導技術論に終始してはならない。

　表8から、教師の自我が、執我の強いときは子どもの生命が萎縮し、捨我が強いときは、子どもの生命が躍動して豊かな学びが開花するのは明らかである。

　また、確認するまでもないが、111頁の「表9『させる・させられる活動』と『する活動』」の「させる・させられる活動」と122頁の「表10『指示的思考』と『概念的思考』」の「概念的思考」が「執我」に対応する。一方、「表9『させる・させられる活動』と『する活動』」の「する活動」と「表10『指示的思考』と『概念的思考』」の「指示的思考」が「捨我」に対応する。

　子どもの生命が輝くかは、授業の根幹に関わる「表8　教師における自我の動向」「表9『させる・させられる活動』と『する活動』」「表10『指示的思考』と『概念的思考』」に類するものが、授業者である教師自身に明確になっていなければならない。

　子どもの生命が輝くためには、教師にとって「表4　教師に求められる姿勢（68頁）」も重要である。表4の内容が、捨我に根差しているのは言うまでもない。

3　教師の教育観 [19)]

　教育は、教師が子どもの学習内容を考えて準備する。そして、その学習内容を通して学びを創造するための支援（指導方法）を考えて展開する。よって、教育は教師が主導し、子どもと共同で学びを創造する営みである。

　授業では教師が子どもに指示したり説明したりする場面は多いので、指示や説明は必要である。

　授業は「教師主体」もあれば、「子ども主体・子どもと教師の両主体」もある。残念ながら、現実は「教師主体」の授業が圧倒的に多いのは紛れもない事実である。

　「教師主体」の授業は教師の立場からすると「子どもにさせる活動」、子どもの立場からすると「教師にさせられる活動」である。

　「子ども主体・子どもと教師の両主体」の授業は教師の立場からすると、「子どもが主体的に取り組めるようにする活動」、子どもの立場からすると「子ども自身が集団の中で主体的に取り組む活動」である。

　本書では「教師主体」の授業を「させる・させられる活動」「子ども主体・子どもと教師の両主体」の授業を「する活動」とした。「させる・させられる活動」では「できた」「分かった」「点数」などの結果が重視されるが、「する活動」では過程が重視される。子どもに蔵されている宝を丁寧に掘り起こすためには、過程が重視されるのは必然である。

　教師の教育観の基本は、「させる・させられる活動」もしくは「する活動」である。子どもの学びを創造するためには、教師の教育観が「させる・させられる活動」ではなく、「する活動」でなければならないのは言うまでもない。

　教師は「させる・させられる活動」を克服し、「する活動」があたりまえに展開されるようにしなければならない。「する活動」があたりまえになるためには、教師が心情を育むことの意義、心情の観得力と形成力を育むこと

の重要性を実感していなければならない。教師が自分の教育観を変えるレベルでは、実感することができない。教育観を支える思考観や人間観まで変わらなければ実感することは不可能である。ここで、授業と「教育観・思考観・人間観」がつながる。授業では教師の教育観はもとより、思考観・人間観まで問われる。思考観・人間観が問われるということは、思考観・人間観を支えている人間の精神の働きをどのように認識しているか、精神と生命（体と心情）の関係をどのように認識しているか、精神の執我及び捨我の働きをどのように認識しているかが問われる。

　教師は自身の教育観が「する活動」であると思っていても、「させる・させられる活動」になっている授業を少なからず参観してきたのも事実である。実際の授業で教師自身の教育観がどのようになっているかは、教師自身の自己評価では限界があることを示している。そこで、授業研究会などで検証することが重要である。ふだんの授業研究会は、学校内の教師のみでかまわないが、時々は外部から教育方法学（教授学）や教育哲学などのエキスパートを 招 聘して行うことも検討すべきである。何よりも問われるのは、
しょうへい
授業研究が学校運営の第一に掲げられ、授業研究会を含む研究活動が日常化しているかである。充実した研究活動の日常化なしに、子どもの学びを創造するための教育は確立できない。

　表9[20)] は、「させる・させられる活動」と「する活動」を対比したものである。以下、「させる・させられる活動」と「する活動」それぞれの特質を明らかにしたい。

（1）　させる・させられる活動

　「させる・させられる活動」は、教師が子どもに教えたいことを教師が考えた方法で子どもに覚えさせ、学ばせる活動である。

　教師よりも若年の子どもを対象とする教育では、子どもは教師よりも劣ると考えがちである。そのため、子どもよりも自分の考えが正しいとの思いから、教師に「教える・指導する」意識が強まる。教師が「教える・指導す

表9 「させる・させられる活動」と「する活動」

させる・させられる活動	する活動
教師主体 ・教師が子どもに活動「させる」授業。子どもが教師に活動「させられる」授業。 ・教師の世界。子どもを借りた教師の授業。教師独りよがりの授業。 ・結果重視。	子ども主体・子ども主体と教師主体 ・子どもが主体的に活動「する」授業。 ・子どもの世界。子どもの主体性が発揮された、子どもと教師共同の授業。 ・過程重視。
教師主体の活動 　教師の授業構想を手がかりに、教師が子どもとやりとりしながら授業が進められるが、教師の考えを優先するため、子どもの行動は修正され、教師の指図・指示・命令によって、教師が考える枠にはめていく授業。 ・教師が把握した事実にとらわれる。 ・一定のことを教えたり、体験させるだけの授業。 ・授業が比較的スムーズに展開する。 ・結果や課題解決が目的化するため、分かったことやできたことの結果が重視される。 ・教師対子ども全員による一斉授業になるため、子どもどうしの関わりが少ない。 ・失敗が許容されにくく、失敗しないための手だてが講じられるため、試行錯誤があまり保証されない。 ・目に見える結果が優先し、指図・指示・命令が多く、子どもを支配する授業。 ・結果を急ぐため、子どもを急かし、待てない。 ・自分であまり考えず、教師から指示されたことに、それなりに取り組む。 ・指図・指示・命令されたことを、自分の能力の範囲でこなす。 ・個性があまり発揮されない。 ・工夫や発見や驚きが少ない。 ・知識や技能やスキルの習得。 ・できないことが一見できるようになる。 ・成就感や達成感や自己肯定感が少ない。 ・頭で理解する。	子ども主体／子ども・教師共同の活動 　教師の授業構想を手がかりに、子どもが教師や仲間とやりとりしながら、子ども主体の学びが深められ、教師も子どもも予想できなかった高みに登る授業。 ・現実をありのままに尊重する。 ・子ども内部の宝が掘り起こされる授業。 ・教師のプランどおりには展開しにくい。 ・結果よりも、分かる過程やできる過程が重視される。 ・子どもどうしの関わりが豊かである。 ・失敗が許容され、試行錯誤がじゅうぶん保証される。 ・主体的な学びを引き出すための最小限の支援。目に見えない内面が重視される。 ・過程を重視し、子どもに寄り添いながら、じっくり待つ。 ・自分で考え、判断して行動する。活動に集中し、夢中になって取り組む。 ・自分の力が最大限に発揮され、発達の最近接領域に到達する。 ・子どもの多様な個性が発揮される。 ・工夫や発見や驚きがある。 ・思考力や判断力や表現力の修得。 ・分かるため、できないことができるようになる。 ・成就感や達成感や自己肯定感がある。 ・心で理解する。

る」ことによって、子どもを教師が想定した枠に誘導することになる。教師が想定した活動にならないと、「指図・説明・指示・命令・禁止・注意・叱責・補助・介助」などをして、子どもの活動をいちいち修正することになる。教師の考えを優先し、教師が考えた授業プランの枠内に子どもが押し込まれる。

　文部科学省が「主体的な学び」を重要して学習指導要領を改訂しているのに、教育現場では、「教師が子どもにさせる学習」「子どもが教師にさせられる学習」である「させる・させられる活動」から、子どもが主体的に学ぶ学習である「する活動」に転換した実感はない。

　教師が想定した枠に子どもを誘導すると、授業はスムーズに展開する。これでは、「子どもを借りた教師が満足する授業」「子ども不在の教師独りよがりの授業」と言っても過言ではない。

　教師が考えた結果に子どもを効率よく早くたどり着かせることが優先するため、子どもは教師から急かされ、教師の指図・指示どおりに活動することになる。そのため、子どもはじっくり考えたり、じゅうぶん試行錯誤したりする場面がない活動が展開する。教師から一定のことを教えられるだけで、子どもの内部にある宝が掘り起こされることはない。子どもにとって工夫・発見・驚きが少ないので、成就感・達成感・自己肯定感を体感することもない。個性や能力が、じゅうぶん発揮されることもない。

　また、教師は子どもの内面にはあまり思いがいかないため、目に見える現象で判断する。例えば、子どもが活発に発言すると、発言の多さから子どもが主体的かつ積極的に学びを深めていると勘違いする。子どもの発言の多少は、学びの深化に関係ない。

　「分かった・できた」の結果が重視されるため、子どもが「どのように分かったのか、分からなかったのか」「どのようにしてできたのか、できなかったのか」の過程が軽視される。この過程にこそ、学びの本質があるのに。

　教師対子ども全体で一斉に授業が展開されることが多いため、子どもど

うしの関わりが少なくなる。結局、「させる・させられる活動」の最大の問題は子どもの主体性が損なわれ、教師が子どもを支配する授業、子どもが教師に付き合わされる授業になる。主体性が発揮されないということは、子どもの感受性・思い・考えの基盤となる心情の観得力と、その発露である形成力が育まれないことになる。「させる・させられる活動」は子どもの主体性が損なわれ、教師が自己満足する授業以外の何ものでもない。

　教師が覚えてほしい知識（なかでも識）を子どもに確実に覚えさせるなら、「させる・させられる活動」が有効であろう。しかし、教育は識を多く覚えることではない。教育は、教育の主たる目的である「人格の形成」を基盤にしながら、そのうえに各教科・領域に応じた知と識を子どもの主体性を尊重しながら、子どもと教師が共同で創造する営みである。

（2）　する活動

　「する活動」は子ども主体の学びが深まるための「学習内容・指導方法・学習環境」を教師が徹底的に考え、教師が子どもに学んでほしいことを子どもが学びたいことに転化する活動である。「する活動」は、子どもに任せっぱなしにする活動ではない。

　「する活動」は、教師と子どもが共同で創る営みである。「する活動」は、教師も主体であり、子どもも主体である。教師と子どもの両主体によって学びのドラマを創り、教師も子どもも予想できなかった高みに登る活動を目指して行われる。

　教師は徹底的な教材研究によって、子どもの主体的な学びが深化するための授業プランを立てて授業に臨む。「する活動」では、教師のプランを子どもに押し付けることをしない。子ども一人一人の内面を洞察しながら、子どもの主体的な学びを引き出すために、すぐに解決できる直接的な支援ではなく、間接的な最小限の支援を段階的にする。「する活動」では、子どもと教師の両方の主体性が発揮され、共同で学びが創られる。

　子どもは教師が考えるようにはいかないとの前提に立つので、子どもの

活動に寄り添いながら、失敗を許容し、試行錯誤しながら集中して取り組む過程をじっくり見守る。結果よりも、過程が重視される。子どもは試行錯誤の過程で、自分で考え、判断して行動するようになる。工夫・発見・驚きも生まれる。

　仲間との関わりも豊かに展開されるので、自分一人では気づけないことにも気づいたり、一人ではできなかったこともできるようになる。教師や仲間の関わりもあって、自分の力が最大限に発揮され、自分一人では到達できなかった発達の最近接領域に到達できるようになる。今まで発見できなかった、自分の宝が自分の手で掘り起こされていく。教師も子どもも予想できなかった活動が展開される。授業を通して、教師も子どもも成就感・達成感・自己肯定感を体感する。

　子どもと教師の認識や理解のプロセスが違うことを前提に、子どもの学びを教師が鋭い感受性でリアルタイムで読み取りながら、一筋縄ではいかない子どもが主体的に取り組む「する活動」を、いかに教師が組織し、展開できるかが問われる。

（3）「させる・させられる活動」と「する活動」を支える「教師の精神」

　「させる・させられる活動」になるか、それとも「する活動」になるかは教師の「教育観・思考観・人間観・基準・知識」の相違による。教師の「教育観・思考観・人間観・基準・知識」を根底で支えているのは、教師の精神である。教師の精神のありようによって、「させる・させられる活動」になったり、「する活動」になる。教師は、精神をどのように認識しているかが問われている。

　教師が授業に対する考えを変えるレベルではなく、授業に対する考えの根の根である人間観の精神のありように気づかなければ、「する活動」を目指す授業は決してほんものにはならない。教育界は、この精神のありように言及することはほとんどないが、教育を根底から支える教師の精神のありようにもっと着目しなければならない。

　第 2 章で述べたとおり、クラーゲスによると人間の生命は「体と心情」からなり、その生命に後から「精神（自我）」が闖入したとされる。そして、精神には、執我と捨我の両極性・二重性・拮抗性があるとされる。執我は、自我にとらわれた状態、自我を主張する状態である。捨我は自我にとらわれずに解放された状態、自然や他者に傾聴し融合しようとする状態である。

　執我及び捨我が、片方だけの人間はありえない。人間はそれほど単純ではない。例えば、教師に執我傾向が強ければ、教師の中にある捨我傾向を遠ざけようとする拮抗作用が働く。執我を推進しようとすると捨我の抵抗が働く。その結果、執我が強まったり、逆に弱まったりする。

　クラーゲスの考え方に照らすと、「させる・させられる活動」における教師の精神は執我傾向が強く、「する活動」は捨我傾向が強い状態である。教師の精神が執我のほうに振れたときは、教師の自我が拘束された状態である。教師が自我から解放されることによって、捨我に近づくことができる。教師は表 6（96 頁）・表 8（107 頁）の「捨我」、表 10（122 頁）の「指示的思考」に自分を置いて、捨我を育む努力をしなければならない。

　教師が自我から解放された捨我の状態になるためのヒントが、執我と捨我の特質をまとめた表 6・表 8・表 10 にある。表 6 と表 8 の「執我」と「捨我」の内容、表 10 の「指示的思考」と「概念的思考」の内容を比較することによって、その違いがより理解可能になり、捨我の具体的な姿が明確になる。

　教師の精神が執我のときは、教師は自分の考えや自分が概念的に把握した事実にとらわれ、教師の考えの下で授業することが教師の義務・責任となる。子どもを支配し、教師の考えに子どもを従わせようとする。その結果、子どもの生命は萎縮する。

　一方、教師の精神が捨我のときは、教師が自身の我欲・自我から解放され、目の前で展開される子どもの現実をありのままに受け入れる状態である。教師は子どもの生命の躍動に共感・感激し、子どもの活動を温かく見守る。その結果、子どもの生命は輝く。

4　教師の思考観 [21]

（1）　思考の意味

　一般に、思考は人間のみが持つ自我の働きによる知性の表れで、漢字どおりの「思いをめぐらして、考える。」意味とされる。一言で言えば、頭（脳）で「考える」ことになる。「考える」ことを否定する人はいないので、思考を問題視する人はいないし、思考にはよいイメージしか持たない人が多い。

　「思」は、「頭」を表す「田」と「心臓」を表す「心」からなり、「こまごまと考える」意味がある。「考」は、「腰の曲がった老人」を表し、「曲りくねりながら、深く考える。」意味がある。「思」と「考」を合わせると、「思考」は「頭（脳）」と「心臓」によって、「思いを巡らせながら深く考える」意味になる。

　第1章で述べたように、「頭」は「脳」を表し、動物性器官を代表する。一方、「心」は「心臓」を表し、「心臓」が植物性器官を代表する。よって、「思」は、人間の動物性器官と植物性器官が連携して行われる。つまり、「思」は頭（脳）だけではなく、身体全体で行われることを意味する。これに、「考」という「深く考える」意味が加わる。さらに、思考するためには精神の働きが不可欠なので、「思考」は『体』と『心情』からなる生命を躍動させながら、生命と『精神』が一体となって思いを巡らしながら深く考えて認識する過程」となる。思考には頭（脳）の中で行われるイメージがあるが、「頭」と「考」の象形文字を生み出した先人の先見性に敬意を表する。

　認識するためには、思考しなければならない。思考が本来の意味なら問題ないが、本来の意味からかけ離れた思考の捉え方があること、その考え方が今日なお支配的であることを指摘したい。思考を、「考えたり、思ったりする」ことに一括りにしてはならない。

　大半の教師は、思考が「概念的思考」と「指示的思考」に大別できること

など考えもしないだろう。教師が、自身の思考観を確認する必要がある。世界で支配的な思考は「概念的思考」であるが、本来あるべき思考は「指示的思考」である。

（2）「指示的思考」と「概念的思考」

「指示的思考」は「現実学的思考」「象徴的思考」「自然哲学的思考」、「概念的思考」は「把握的思考」「自然科学的思考」とも言われる。思考して認識するためには、自我（精神）の働きが加わらなければならない。自我の働きによって、指示的思考か概念的思考かを決定づける。精神が自我にとらわれない捨我のときは指示的思考になり、自我にとらわれる執我のときは概念的思考になる。

概念的思考は、一定の概念によって仕掛けや仕組みを明らかにしようとする意志が強く働く。この意志は、現実を概念化する執我そのものである。一方、指示的思考は現実を概念で枠組みせずに、現実の姿や形をありのままに認識する思考なので、自我にとらわれない捨我そのものである。

吉増克實は、「体験を認識のかたちにするために把握不可能な体験的現実を指し示すために概念を用いるのである。それが指示的思考であった。」と述べている[22]。このように、指示的思考における概念は体験的な現実を指し示すために用いられる。

一方の概念的思考は現実を分離するために概念が積極的に用いられ、概念化することが目的となる。概念的思考は、概念そのものである。

指示的思考の「指示」には、「指図する」「指図してやらせる」というイメージがあるかもしれない。「指」は「指さして、さし示す」、「示」は「神々の心が示されることから、示す」の意味がある。よって、「指示」は「指し示す」意味になる。「指示」を「指図」と誤解してはならない。

「指示的思考」の特徴は、多様かつ複雑で、変化・更新し続ける現実に対する共感が指し示すまま、ありのままに認識することである。「概念的思考」のように、多様かつ複雑で、変化・更新し続ける現実の全体から一部のみ取

り出すことはない。概念によって、可視化したり、説明したり、測定するようなことはしない。目に見えないもの、説明できないもの、測定できないもの、規定できないものも含めて、感覚を動員しながら現実をありのままに感応・感知（観得）して、認識するのが指示的思考である。

指示的思考は、生命と現実と一体化し、形象の意がまるごとありのままに認識可能になる思考である。認識は生命の働きである心情の観得によって、現実の形象の意に開かれていく。教師自身も指示的思考で子どもと接すれば、連続・更新し続ける学習活動における現実（いま、ここ）をありのままに認識することができる。

吉増克實は指示的（現実学的）思考の立場を、「共感によって僕たちは世界の形象の意味、質性、牽引と反発の性格、類似を受け取る。それがどれだけ現実と繋がっているか、どれほどの広がりと深さを持っているか、どれほど精密であるかをまず決定的に重要視するのが現実学の立場である。」と述べている [23]。

人間の指差し行動は、生後 10 か月くらいで見られる。これは、子どもが興味・関心のある対象を指し示しているのであって、概念的に見ようとしているのではない。子どもの心情が指し示すところ、つまり、子どもが目の前の現実に対して開かれ、導かれているのである。意識して、見ているのではない。指示的思考では、現実との連関が保ち続けられる。

概念的思考は、現実から分離され、概念化された分だけ認識可能になる思考である。概念化するのは、精神の働きである。教師が概念的思考で子どもに接すると、教師の「教育観・思考観・人間観」で子どもを拘束することになる。つまり、教師の「教育観・思考観・人間観」というフィルター越しに子どもが認識される。

概念的思考では、概念化された瞬間に思考が生命と現実（いま、ここ）から分離され、虚構のものになる。そして、現実の形象から現象を対象化することによって、現象が概念化・形式化・数値化され、一人歩きする。概念的思考は実在しない特定の概念で認識されるので、抽象的・一面的・部分的・

形式的になる宿命がある。

　植物にふれるとき、観察と称して、「花弁・おしべ・めしべ・葉などの色・形・数」などの特徴を分析したり、名前を図鑑で調べたりするのは概念的思考である。概念的思考では花の姿や形ではなく、仕掛けや仕組みの解明に向かう宿命がある。そして、概念的思考は花と自分との生命的な対話を閉ざす。

　一方、刻々と変化する植物が生えている形象の意に心情を開いて、心情が指し示すままに認識するのが指示的思考である。概念的思考によって、植物という生命と自分という生命が共感的に感応・感知・対話することを閉ざし、目で確認できる一部の特徴を調べたり、仕組みの解明に走ることは慎まなければならない。

　花の名前・構造・特徴は抽象化された概念かつ一部であって、その場の花の生命性・多様性・全体を表さない。目の前にある花の生命、花が存在する周囲の自然そのものと共感的に対話することこそ意味がある。

　概念的思考の最大の弊害は、多様かつ複雑で、変化・更新し続ける現実の全体から一部のみ取り出すことにある。その結果、刻々と変化する多様な全体性を失い、概念的・部分的・一面的・形式的・抽象的になることにある。概念的思考はありのままかつ共感的に現実を感受するのではなく、概念的に把握したり、自然科学的に仕掛けや仕組みを解明することが重視される。

　例えば、水の分子は「H_2O」で表すことができる。しかし、水の性質・役割には、寒暖・水蒸気から氷・生命維持などさまざまあるので、「H_2O」は水の性質・役割の一部を表すにすぎない。

　子どもが土粘土で球状のものを作っているとき、教師はややもすると「だんご」と思いがちである。教師が「だんご」と思うのは、教師の概念的思考である。しかし、教師が球状の土粘土を見た時、土粘土の塊が子どもにとって「だんご」かどうかは分からない。土粘土の操作に夢中になって、土粘土がたまたま球状になったのかもしれない。教師が「だんご」と尋ねる

と、 頷くかもしれない。教師が「ボール」とか「飴」などと尋ねると、子どもは同意するかもしれない。子どもにとっては、土粘土と遊んでいることが全てである。ネーミング（概念化）はどうでもいいのである。

　この土粘土の活動で大切なのは、教師が「だんご」とネーミング（概念化）することではない。土粘土と一体になって取り組む子どもの生命に対して、教師が自身の「教育観・思考観・人間観」を消し去って、子どもの気持ちになって子どもの意をありのままに認識（指示的思考）しなければならない。

　虹を、「7色である」としたり、「光が水滴に反射・屈折する現象である」とするのも概念である。古今東西、虹の色は2〜7色とされ、ニュートン以来7色が定着したとされる。その結果、「虹は7色である」が一人歩きしている。グレーの空に、鮮やかでカラフルな色が一瞬弧状に現れるのは、神秘的である。そのときの虹によって、色相や彩度はまちまちだし、それも刻々と変化する。そもそも色に境目はない。刻々と変化する太陽・雲・風などによって、虹も刻々と変化する。目の前に現れている虹の不思議さに感動するかもしれないし、畏れすら抱くかもしれない。壮大な自然に自分が包まれていることを実感するかもしれない。

　「虹は7色である」や「虹は光が水滴に反射・屈折する現象である」は、概念そのものである。この概念が先行したとたんに、虹とのありのままの対話が遠ざけられる。

　指示的思考では、水の分子が何からできているかは問題にしない。目の前の水の姿をありのままに感応・感知（観得）するのである。虹の場合も、「色の数」や「虹が発生する仕組み」などの解明をするのではなく、目の前で刻々と変化する神秘的な現象をまるごと感応・感知（観得）するのである。花の観察も、花の特徴などを調べるのではなく、自然の中でたたずむ花そのものをありのままに感応・感知（観得）するのである。

　概念である「虹は7色」「水は H_2O からできている」には、個人の感応・感知（観得）は反映されない。一方、指示的思考は他の人とは違う、その人ならではの感応・感知（観得）に基づく認識を可能にする。この認識が人間

の生命の深層に刻み込まれていくことによって、その後のさまざまな判断の
強力なベースになる。

　吉増克實も「虹」を例に、概念的思考に言及している[24]。

　　　例えば、虹を思い浮かべてみよう。現実の虹はそれぞれ均一な色からなる
　　7つの光りの帯からなっているのではない。虹の色はどんな切れ目も持たない
　　連続的な光りの変化、色の連続的な移行からなっている。実際の虹に7つの境
　　目をつけてみたとしても、それぞれの内部ではたまたま色の連続的移行が認め
　　られるであろう。それを構成する色の数は数え切れない。虹を7色とする
　　ことは、実際にはない境目を設定し、その内部での連続的変化を無視することに
　　よって初めて可能となるであろう。自我のはたらきが行うのはそのようなこと
　　である。そしてたとえ目が見えない人にも7つの違った色があることを伝える
　　ことはできる。しかし赤とはどのような色であり、青とはどのような色である
　　かという色の現実は体験されるよりないものであり、体験を介することなく伝
　　達することは不可能なのである。ともあれ、境界づけられた世界はその意味の
　　多様な全体性を失って抽象的一面的なものとなる。この境界づけられ、抽象さ
　　れ、限定されたものが概念である。

　とここでは、概念的思考は自我によって連続的な変化が無視され、境界
づけられることによって、多様な全体性を失い、抽象的・一面的になるとし
ている。

　以上から、変化・更新し続ける、複雑で多様な現実をありのままに思考
するなら、現実の一面を概念的・形式的・抽象的に捉える概念的思考ではな
く、指示的思考でなければならないことは明らかである。

　表10は、「指示的思考（現実学的思考・象徴的思考・自然哲学的思考）」
と「概念的思考（把握的思考・自然科学的思考）」を比較した私案である。
まだ仮のものなので、吟味のうえ、修正していかなければならないと思って
いる。

　指示的思考及び概念的思考は、表10の全体像を把握すると同時に、左右
それぞれの内容を比較することによって、それぞれの思考の特質が見えてく
る。よって、人間の思考は「表10『指示的思考』と『概念的思考』」の全体

表10 「指示的思考」と「概念的思考」[25)]

指示的思考 (現実学的思考・象徴的思考・自然哲学的思考)	概念的思考 (把握的思考・自然科学的思考)
変化する現実への共感が 指し示すままに認識する思考	現実から分離され、概念化された分だけ 認識可能になる思考
感知的（感性的直感）・原初予見者的認識	理解的・思弁論理的認識
現実の形象の 意をありのままに観得する	現実から物を把握（識別）し、 概念化・形式化・数値化する
時空的形象・現実学	非時空的形体（物）・自然科学
象徴語・意味	概念語／伝達語・概念
全ての感覚による対話 (五感・体性感覚・内臓感覚)	視覚優位・意識化優先
体験・感知化・連関	経験・対象化・関係づけ
捨我／無欲・無意識	執我／強欲（エゴイズム）・意識
非意図・過程重視	意図・結果重視
生命的・生命と結合／融合／協調 こころ・ビオス（生）	生命盲目的(理知的)・生命と分離／分裂／敵対 あたま・ロゴス（論理）
現実的 事実・具象	非現実的（現実疎外・仮想現実） 虚構／捏造・抽象
自然・畏敬・リズム	自然征服・おごり（軽侮）・タクト
すがた・かたち	しかけ・しくみ
連続更新・変化・類似	遮断（一時・一瞬）・不変・同一／反復
遠感覚・目に見えないもの	近感覚・目に見えるもの
測定不可能・規定不可能・説明不可能	測定可能・規定可能・説明可能
一体化・統合・全体・多面的・複雑／多様	対象化・分析・部分・一面的・単純
感化・共感／情感・印象／記憶	教化・推進（意志）・回想
創造(文学・芸術・民話・神話・祝い事／祭祀)	知　識
クラーゲス	デカルト・ロック・カント・フッサール ヤスパース・ヘーゲル

及び連関・両極性から捉えなければならない。

　概念を生む意志を、全否定しているのではない。意志は自分の考えに合わせようとする力であり、生命に敵対する性質があるが、生命に仕える「天分の意志」もあることをシュレーダーは、次のように述べている[26]。

　　　意志が生命に仕える一つの役割と、意志の原則的に破壊的な性質の証明がどうして一つになるかを示すために、クラーゲスは意志を彫刻家の握る鑿に比している。鑿は石を破砕する以外のことは何もできない。しかし、石の中に神々しい姿の形象を観得する心情をもつ巨匠がそれを創造せんとするその手に導かれるとき、鑿の石を破砕する暴力は造形家の創造に役立つ。この比喩はそれにとどまらない。意志の破壊的性質は、心情の観得力が巨匠の手を指導しないで、鑿を一振り二振りすれば、石は駄目になる。そして、巨匠には、なまくらの鑿ではなくて切れ味のいい鑿でなければ役に立たないごとく、天分不足の意志ではなくて意志の天分がなければ生命に役立たない。

　ここでは、石を破砕する行為は意志（天分不足の）であるが、形象を観得する心情によって石が彫刻作品となり、意志（天分の）が役立つとされる。ここでの意志は捨我であるが、意志は執我にも導く諸刃の 剣 であることを忘れてはならない。執我は強力なため、いとも簡単に執我の大海に放り出される。これは、夢ではない。現実である。

　世界を支配している思考は、意識するしないにかかわらず概念的思考であるのは間違いない。指示的思考は、あまりなじみがないと思われる。子どもの生命が輝いて子どもの学びが創造されることは、教師が教えたいことを子どもが学びたいことに転化することでもあるので、教師が教えることを否定しているのではない。

　指示的思考は現実と一体となって、多様で刻々と変化する現実をありのままに受け入れるので、「生命と結合・融合・協調する思考」であり、指示的思考によって生命は輝く。一方、概念的思考は「生命と敵対し、生命を支配・拘束する思考」であり、概念的思考によって生命は脅かされる。よって、教師の思考が、概念的思考ではなく、指示的思考でなければならないこ

とは明白である。無論、指示的思考は子どもにも育まなければならない極め
て重要な思考である。指示的思考によって、子どもの生命も、教師自身の生
命も輝くことができる。地球上の全ての人間に育まなければならない指示的
思考は、人間が自然と共存するためにも不可欠な思考である。

　以上から、思考といっても、思考をどのように考えるかは極めて重要と
なる。なぜなら、思考の考え方が教師自身を支配すると同時に、子どもの生
命が輝くかどうかの鍵を握っているからである。

（3）　概念化の弊害

　概念は現実から離され、一人歩きする。現実は、言葉や概念で説明でき
ないことが多い。概念化は可視化することでもあり、説明・規定・測定を可
能にすることでもある。ということは、可視化できたものや説明・規定・測
定が可能になったものしか認識できないことを意味する。つまり、概念化し
た分のみしか認識できないのである。概念化では、目に見えないものや説
明・規定・測定が不可能なものは捉えることができない。

　このように、概念化は一部よりも認識することができないので、概念化
したとたんに現実から分離される。現実から分離されるということは、生命
の現実（いま・ここ）から分離され、虚構の世界になることを意味する。教
師にかぎらず、概念化は人々を蝕んでいる。概念化せずにはいられない人間
の性、人間の精神のしつこさを思わずにはいられない。

　入学試験の問題が、知識（それも識）を問う問題に独占されていることに
愕然とする。学校教育が識の習得に偏っているのは異常である。入学試験ま
での間、成績を少しでも上げるために概念的思考に浸らされることになる。
多くの識を覚える呪縛から解放され、もっと形象に共感する教育、指示的思
考を育む教育に転換しなければ、子ども自身はもとより、人間社会及び地球
に未来はない。

　指示的思考になるためには、子どもなりの関わり方で、現実にじっくり
関わらせなければならない。子どもが現実とじっくり関わることができる環

境をいかにつくることができるかにかかっている。少なくとも、大人の顔色をうかがうことがないようにしなければならない。子どもが自ら感応・感知（観得）することによってのみ、実感することができる。実感は体験知として、子ども自身の重要な栄養となる。

　指示的思考と概念的思考は、真逆の思考である。概念的思考は特定の概念で切り取ってしまう宿命があるので、多様で変化する生命を捉えることはできない。

　現実にありのままに開かれるためには、生命や自然に対する畏敬心がなければならない。片や、概念的思考は自然に対するおごりがあるとともに自然を征服しようとする思考ともいえる。概念的に把握したり、自然科学的に仕掛けや仕組みの解明を重視する概念的思考と決別しなければ、多様で刻々と変化する現実をありのままかつ共感的に感受する指示的思考を育むことはできない。

　以上から、現実をありのままかつ共感的に感応・感知（観得）する指示的思考によってのみ、観得力が育まれるのは明らかである。概念的思考は現実と引き離すが、指示的思考は現実とつながり続けることを可能にすることを忘れてはならない。

　次に、概念化による弊害の一例を美術の展覧会から見てみたい[27]。

　美術の展覧会の中には作品の外観や表面の特徴でカテゴリー分類したり、個々の作品を解説したりしているものがある。分類や解説は、言葉による概念化である。主催者は分類や解説によって、作品の全体性・多様性を切り捨てていることに気づいていないのである。非言語であるアートに言語を絡めすぎてはいけない。

　分類や解説は、鑑賞者に先入観を与えるだけである。鑑賞者が個々の作品とじっくり対話できる環境の設定にこそ最大のエネルギーを使わなければならない。分類や解説は作品の鑑賞に絶対不可欠なものではないので、主催者のエゴイズムにすぎない。

　そもそも心情が形成した作品は感性の世界に属するので、言語（概念）で

説明できるものではない。分類や解説だけ見るとその一点では合っているか
もしれないが、それは作品の一面にすぎない。鑑賞者は、分類や解説で作品
を鑑賞するのではない。鑑賞者が作品と体験する仕方や感じ方は、多様かつ
複雑で、鑑賞者の数だけある。しかも、体験は言語化（概念化）できないこ
とのほうが圧倒的に多い。

　限定された言語（概念）は、鑑賞者に先入観を与えるだけである。作品は
鑑賞者の心情に添って、まっさらな状態でありのままに鑑賞されなければな
らない。

　世田谷美術館初代館長の大島清次も [28]、「美術館側から勝手に予測的な見
解を一方的に押しつけない方がいい。私たちを含めて、作品群に対する見
る側の反応は自由で、できるだけ開放されていることが望ましい。」とし、
「職業美術作家も、自学自習の素人作家も、また知的障害作家も問わず、さ
らに国籍も類別せずに、ただし、関心のある人にはそれぞれに必要な情報が
できるだけ詳しく検索できるようにしておいて、まずはともかく何の偏見も
なしに…作品群に来館者たちが直に相対する。」と、偏見なく鑑賞するため
に枠組みをつけることを批判している。さらに、「誰が、何時、何処で、何
故作ったかのかはそれぞれみな違うにしても、それらを一切不問にして…」
と、余分な情報を出すことの無意味さも指摘している。

　概念による分類は作品の表面的な一面が強調され、作品と一体である作
者の心情（生命）との対話をゆがめる。作者の心情（生命）が表れている作
品を言葉で概念的に分析すればするほど、作者の心情（生命）との対話が遠
のくことを自覚しなければならない。

　世田谷美術館の開館 10 周年記念特別展図録の中で [29]、館長の大島清次
は、10 年前の開館記念展『芸術と素朴』で作品を 4 部構成（素朴派の系譜、
近・現代美術と素朴、原始美術と民族美術、子どもと美術［知恵おくれの人
たちの作品を含む］）としたことに対して、「開館当初の『芸術と素朴』展に
おける 4 部構成そのものに対する深い疑念である」「現代美術の理解や研究
にまであまねく支配している美術史的な分類主義の現状に対する大きな危惧

である」「人間の心に関わる芸術の原点を求めて、類別はふさわしくないからである。」と、分類して展示したことを厳しく反省し、4部構成そのものに対する自らの疑念を表明している。そして、この10年後の「芸術と素朴」展では、開館記念展で4部構成したことの反省を受けて、「ノン・セクション（部門に分けないこと）」とし、時代の流れに沿った展示をしている。ただし、「ヨーロッパ・アメリカ」と「日本」は分けて展示している。

　一方、障がい者アートに関わる展覧会で、健常者による上から目線の分類や解説が散見されるのは憂慮される。これでは、障がい者や鑑賞者の展覧会ではなく、障がい者の作品を借りた主催者の展覧会であると言われてもしかたがない。

　展示空間や展示方法も、作品をじっくり対話できるものでなければならない。展示空間や展示方法が目立ったり気になったりするのは、主催者のエゴイズムが優先した結果と考えなければならない。作品以外の存在が全て消え、作品と鑑賞者のみがそこに存在すると思えるような展示空間や展示方法を目指さなければならない。

　積極的に分類している障がい者の展覧会がある[30]。その第1回展では、作品を「ダイアリー」「ワクワク・ドキドキ」「アト（跡）」「アイコン（イコン）」「コラボレーション」の5つに分類して展示している。

　例えば、穴で埋め尽くされた作品は「アト（跡）」に分類されるにちがいない。確かに、見た目は穴の痕跡でしかない。しかし、作者は痕跡をつけようとして行為（制作）していないはずである。どのような思いで土粘土に穴を開け続けたかは、作者のみぞ知る。いや、作者でも知らないかもしれない。それなのに、目に見える表面の痕跡に着目して「アト（跡）」に分類するのは、子どもの心情を無視した企画者の都合にすぎない。「アト（跡）」と分類することは、作品の鑑賞者に先入観を持たせるリスクがあると同時に、作品とまるごと対話するのに何の意味もない。何よりも、作者に失礼である。

　第2回展では、支援者の「ヒト」、支援環境の「トコロ」、授業やワーク

ショップなどの「コト」に分類している。これは、作品そのものよりも、制作された背景や作者との関係（誰と、どこで、どのような環境で）を重視していることになる。作品の鑑賞に、「制作された背景や作者との関係」は不要である。

また、入選した全ての作品のキャプションに、主催者のコメントが書かれていた障がい者アートの公募展がある。作品などの解説は、「作品の分類」と同じ問題を抱えている。障がい者の展覧会では、健常者である関係者が作品の特徴、制作の様子、作者などについて一方的に語りがちである。そもそも、制作時の作者の「心情」や作品の生命を言語（概念）で捉えることは不可能である。言語（概念）による解説は、じっくり作品と対話するのに何の役にも立たない。

関係者による分類や解説はじゃまになり、作品の生命と敵対するだけである。解説は、作品との対話に不可欠なものではない。いくら言論の自由があるとはいえ、作品の内面に、一方的に立ち入って、一方的に解説することはよいことではない。

展覧会に関係する企画者・研究者・学芸員が、感性の世界である作品に対して、関係者の考えで概念的に解釈して作品の鑑賞に枠をはめるのではなく、まっさらな状態で作品の生命とじっくりと対話（観得）できる環境の設定にこそ最大限の努力をしなければならない。

展覧会では、どのようなメッセージを発したいのかを相当吟味しなければならない。そして、設定したテーマに基づいた展示作品の選定も重要だが、それと同じくらい展示空間や展示方法も重要である。美術館の空間や設備・備品に作品を合わせるのではなく、作品に展示空間や展示方法を合わせなければならない。小さな作品ばかりなのに、作品に似合わない巨大な空間で展示されることも珍しくない。落ち着いてじっくり作品と対話できる空間でないことは、作品にとっても鑑賞者にとっても不幸である。作品の生命性がその空間に合っているかは分かりそうなものだが、思いがいかないのである。

　現代は建物の立派な美術館が多いが、作品とじっくりかつありのままに対話できる展示空間や展示方法に対する配慮が足りないと思われる。展示空間や展示方法に対する配慮の足りなさも、突き詰めればエゴイズムである。

　近年、「障がい者」や「アール・ブリュット」を冠した展覧会や報道が多いのはなぜだろうか。「障がい者」も「アール・ブリュット」も概念による枠組みである。なぜ枠組みしないで、現代アートとして扱わないのだろうか。

　そもそも、ジャン・デュビュッフェが提唱した「アール・ブリュット」は「生の美術」なのに、日本ではなぜか「障がい者アート」の意味で使われることが多い。「アール・ブリュット」を使う理由は、「障がい者アート」「アウトサイダー・アート」だと差別的・排他的なイメージがあるからであろう。他にも、「障がい者アート」を意味する言葉として「エイブル・アート」「ボーダーレス・アート」「パラアート」「アウト・プット」などの言葉も使われているが、枠組みすることに変わりはない。

　多様性の尊重とは、作者の「年齢・性別・国籍・人種・障がい・思想信条・能力」などの属性に関係なく平等に扱うことではないのか。それなのに、なぜ「障がい者」の作品であることを前面に打ち出さなければならないのだろうか。なぜ作者が「障がい者のみ」の展覧会を開催したり、「障がい者のみ」を対象とした公募展を開催しなければならないのだろうか。障がい者施設の中には、現代アートとして国内外のオークションに出品したり、作品発表を行っているところもあるというのに。

　草間彌生は草間彌生であって、障がい（統合失調症）がある草間彌生ではない。草間彌生の作品を障がい者の作品として扱うことはない。それなのに、施設（入所、通所）・特別支援教育・在宅などの障がい者アート作品は展覧会の企画者やマスコミによって、障がい者の作品であることを示す「障がい者アート」や「アール・ブリュット」などを冠することが多い。

　展覧会の企画者やマスコミはよかれと思って「障がい者アート」や「アール・ブリュット」などの概念でくくったり、報道したりしているのかもしれ

ないが、それによって作者が障がい者であるという先入観で作品に触れたり、障がい者の作品であることを無意識に刷り込まれることは否定できない。アートは、作者が障がい者か健常者かは関係ない。純粋にアートとして存在している。障がい者でくくったり、障がい者だけで囲う意味はない。展覧会の企画者やマスコミは、「障がい者アート」や「アール・ブリュット」などでくくることによって、健常者と障がい者を分離するという新たな差別を生み出していることになぜ気づかないのだろうか。優れた作品なら、「障がい者アート」や「アール・ブリュット」などの冠なしに展示・報道しなければならない。

　建築の場合、建物の入り口をフラットにすれば健常者も車椅子も区別なく通行できるのに、わざわざ階段と車椅子用スロープを設置する思想も類似している。階段だけだと車椅子が通れないから、車椅子用スロープを設置しなければならなくなる。車椅子用スロープの設置は、一見すると障がい者に配慮しているように見える。階段と車椅子用スロープの両方を設置している例を見ると、たいがいは正面を独占するように階段が設置され、車椅子用スロープは正面の横に脇役のごとく設置されることが多い。

　車椅子用スロープは、設置すればよいというものではない。階段と別に車椅子用スロープを設置することによって、障がい者と健常者を分離している。車椅子用スロープの設置は、障がい者を車椅子用スロープでくくっていることになる。

　アートを「障がい者アート」や「アール・ブリュット」などでくくって障がい者と健常者を分離することと、建物の入り口に車椅子用スロープを設置して障がい者と健常者を分離することは同根である。

　ここで紹介した展覧会における概念化の弊害は、ごく一部にすぎない。展覧会に見られる主催者やマスコミの「概念的思考」は、あらゆる分野・領域に浸透している。教育界も例外ではない。

第 **3** 章

子どもに「心」を育む

　この章では、第2章の「子どもの学びを左右する教師の『心』」を授業で具体化するための手がかりに言及する。

　「主体性を育む」うえで重要な、教育内容を決定づける具体的な「題材の条件」や指導方法に関わる具体的な「支援」はもちろん、「体験」「畏敬心・敬虔心」「集中力」「言語」「手仕事」「多様な価値観・文化」「観得と形成」「知識過信」「誠実さ」「ハウ・ツー」「教えること」などに言及する。

　主体性に関連しては、「題材」や「支援」のほかに、「徹底的な教材研究」「学びの徹底的な構想」「自己決定・試行錯誤の保証」の重要性に言及するとともに、「根強い教師の都合優先」や「学習指導案の目標」に警鐘を鳴らした。特に学びの本質に関わる「目標」は再考する必要があることを、「目標の正体を知る」で言及する。

　さらに、子どもに「心」を育むためには、第2章で言及した「雰囲気と授業に臨む姿勢」「教師の自我が『捨我』でなければならない」「教師の教育観が『する活動』でなければならない」「教師の思考が『指示的思考』でなければならない」、これらが重要である。さらに、第1章で言及した「体性感覚」も重要である。

子どもに「心」を育むためには、第2章で言及した次の5つが重要になる。

① 教師の「授業に臨む姿勢」（第2章66-81頁）。

② 教師の自我が「執我」ではなく、「捨我」でなければならない（第2章93-108頁）。

③ 教師の教育観が「させる・させられる活動」ではなく「する活動」でなければならない（第2章109-115頁）。

④ 教師の思考が「概念的思考」ではなく、「指示的思考」でなければならない（第2章117-130頁）。人間にとって、言語活動は重要である。話したり、書いたりして相手に伝えられることは多い。しかし、文字を覚えさせることに躍起になっている場合がある。文字を記号として教えると、覚える。難しい漢字を覚えたり、多くの漢字を書けるようになると、子どもも教師も喜ぶ。文字は、目に見えるので確かめやすい。豊かな言語活動になるためには、文字を機械的に覚えるよりも、体験を通して、言語活動の土壌・基盤を豊かにしていかなければならない。

また、高い跳び箱を跳べるようになった保育園が話題になったことがある。高い跳び箱を跳ぶ技術を競うよりも、全身と対話しながら身体表現することのほうがはるかに重要である。

ピアジェによると、形式的操作が可能になるのは11歳以降とされる。早期の概念学習は弊害こそあれ、何の益にもならない。発達年齢に応じた、そのときどきに必要な体験や観得・形成が求められる。

子どもが体験しているときに、言葉で説明することがある。例えば、野山に出かけたときに花の名前や特徴を教える。名前や特徴は、概念である。概念はそのものの特徴（仕掛け・仕組みなど）を分析したもので、特徴の一部にすぎない。概念化された範囲では正しいかもしれないが、花が持っている生命性や多様な特徴、花が咲いている状況を決して表さない。花の名前や特徴を知ることよりも、自然の中で

咲いている花そのものに共感的に感応・感知することのほうがはるかに重要である。

　概念はそのものの仕組みや仕掛けを部分的に明らかにすることができても、そのもの全体の姿を表すことはできない。概念は多様性や全体性を無視して、抽象化してしまう宿命がある。

　大人になればなるほど先入観や固定観念を生む概念的思考に毒されるので、教師が先入観や固定概念を消し去ってありのままにかつ共感的に現実に開いていくのは簡単ではない。

　しかし、子どもは教師ほど先入観や固定観念に毒されていない。子どもが現実に触れるときに教師が概念による枠組みをしなければ、子どもが「指示的思考」することは難しいことではない。子どもが指示的思考を育むことができるか否かは、ひとえに教師がその鍵を握っている。

⑤　触覚を含む体性感覚が重要である（第1章 57 – 59 頁）。

1 「豊かな心」とは

「豊かな心」を否定する人はいない。そもそも「心」とは何だろうか。「豊かな心」とはどのような「心」なのだろうか。どうすれば、「豊かな心」を育むことができるのだろうか。これらの疑問に対して、明快に答えられる教師はどれだけいるだろうか。

学習指導要領に「豊かな心」が登場するのは、今から35年前、1987年の教育課程審議会答申からのようである。「豊かな心」を重要なキー・ワードに掲げているにもかかわらず、「豊かな心」の詳細な定義・解説はない。

文部科学省の「豊かな心」は、極めて道徳的といえる。道徳的とは、「善悪の判断をして、正しい行動をするために守べき規範・ルール」である。「善悪の判断をして正しい行動をする」のは正論であり、たてまえでもある。正論やたてまえを振りかざして改善するなら苦労しない。ルールを表面的に守ることが、「豊かな心」ではない。

「いじめ」がよくないことは当然である。「いじめ」を道徳の時間に取り上げる場合は、いじめを報じる新聞、当事者の手記、アンケートなどを教材にするのだろうか。クラスの皆で言葉という概念、机上の理屈で話し合っても、「いじめは当事者を苦しめるので絶対によくない」という、たてまえとしての正論になる結論は目に見えている。机上の正論になるだけである。

校長や教育委員会がいじめに気づかなかったとか、いじめの事実を認めないとかの不誠実な対応は、決して珍しくない。いじめはないにこしたことはないが、いじめの表面的な事実だけを断罪しても根本的な解決にはならない。いじめは、エゴイズムである。「豊かな心」を本気で育むなら、エゴイズムの克服を教育の最重要課題にして取り組まなければならない。

ボランティアを見ても、障がい者・老人・子どもなどの社会的弱者に対して、健常者が困っている人を助けてあげるという上から目線のボランティアのなんと多いことか。本来のボランティアはする人もされる人も、大切な

ものを学ぶものでなければならない。表面的かつ上から目線のボランティアならば、決して「豊かな心」を育むことはできない。体験学習も表面的な体験なら、体験することが目的化するので、「豊かな心」は育成できない。

　また、子どもの主体性にも「豊かな心」は欠かせない。主体性の重要性は、誰もが認めている。教師も例外ではない。しかし、現状の教育は教師主導が強いので、子どもの主体性の発揮に課題があるのも事実である。主体性の重要性を否定しないのに、なぜ課題があるのだろうか。その理由は、次の3つ考えられる。

　①　主体性の重要性を深いレベルまで考えていないので、単なるたてまえになっている。

　②　子どもの主体性が発揮されるための、具体的な方法論が未熟である。主体性が発揮されるための、真のハウ・ツーが確立されていない。

　③　思考観はもとより、教育観や人間観にまで掘り下げなければならないのに、すぐに役に立つ狭義かつ表面的な方法論にしか飛びつかない教師が多い。

　「豊かな心」を育むためには、教師が執我を基盤とする概念的思考による正論やたてまえを克服し、捨我によって子どもの生命が躍動しなければならない。「豊かな心」を育むことができるかどうかは、第2章で言及した教師の「人間観」「教育観」「思考観」に決定的に左右される。

2　体験を重視する[1]

　我々は、生きているから体験できる。宇宙に生きているから、体験によって宇宙と呼応することができる。生きているから、森羅万象の意に感応して感知することができる。そして、動植物はもちろん、無生物とともにこの地球・宇宙で生きていることを実感することができる。

　体験は無意識に行われ、心情に開かれる生過程である。体験は、理屈・

概念から離れた世界である。そのためには、見聞したり、取り組んでいることに身をゆだねなければならない。仕掛けや仕組みを解明しようとしてはならない。初めて触れるもの、初めて見るもの、初めて聴くもの、初めて行うもの、これらの未知の世界との出会いはとても重要である。未知の世界に自分の生命を開いてこそ、生命が共振し、さまざまに感じることができる。

　子どもがありのままに感じるためには、教師が解説したり、教えたりして、教師の考えを押しつけることは絶対に避けなければならない。体験は人の数だけあるし、感じ方も人の数だけある。子どもなりの体験と感じ方が保証されなければならない。

　子どもは自分で体験することもあるが、教師（大人）がさまざまな体験の機会を設けなければならない。いつも家の中にばかりいて、テレビやゲーム漬けでは困る。

　「百聞は一見にしかず」は、抽象化された概念である言葉だけでいくら理解しようとしても、体験にはかなわないという意味である。体験することの重要性を指摘した 諺 である。よって、「一見」を「視覚」に限定してはならない。言葉や数字という概念は、真実（現実）の一面・一部しか捉えられない宿命がある。

　いかに知識があっても、体験してみないと分からない。石の重さが10kgであることを事前に知らされていても、どれくらい重いかは実際に持ってみないと分からない。持ってみてはじめて、10kgの重さが実感できる。実感できるのは、重さだけではない。石の冷たさ、肌触りなども実感できる。石を置くときは、静かに置かなければ危ないことも想像できる。無論、体験しても分からないことはある。目の前の石の重さが10kgであるという知識だけでは、分からないことのほうが多い。概念的思考に基づく知識は、所詮この程度のものである。さまざまな感覚を動員し、指示的思考によってこそ、現実に開かれた目の前にある石の認識が可能になる。

　リンゴも、重さ（触覚・体性感覚）・肌触り（触覚・視覚）・色や大きさ（視覚）・味（味覚）・匂い（嗅覚）・かじる音（聴覚・舌触り）などは、感覚

を動員しなければ分からない。

　体験は過去の体験の影響も考えられるので、同じ体験をしても、個人差が生じる。感じ方は子ども一人一人違ってくる。教師は、子どもがどう感じたかを決めつけてはならない。子どもが試行錯誤する際も、そのときに知っている知識の範囲内にとどまるのではなく、あらゆる感覚を動員して体験的に取り組ませる必要がある。ただし、体験が子どもの深い学びにつながらなければ、体験すること自体が目的化する。

　林竹二（元宮城教育大学長）が小学校で行った授業は座学であったが、子どもの感想を読むと、林竹二の発言によって深い学びに誘い込まれたことが強く伝わってくる。よって、座学を否定しているのではない。

　人間は、あらゆる情報を基に判断して行動する生き物である。そのために、五感・体性感覚・内臓感覚などが備わっている。液晶画面や印刷物は、あまりにも視覚偏重である。スマホやゲームはゲームを楽しむことはできるが、一部の感覚を使うだけの、頭だけの世界、仮想（バーチャル）の世界である。

　体験は、たださせればよいのではない。体験は、内容と仕方が重要である。体験内容は、自然に関わるものを重視したい。自然には海・川・湖・野山・石・土・水・動物・植物などがあり、季節もある。動植物との出会いはもとより、雨・雪・風・霧などとの出会いもある。自然は、刻々と変化する。同じ場所でも違う表情を見せるし、感じ方に過去の体験が影響をもたらすこともある。同じ場所でも前の自然の姿とは異なるので、違う感じ方をする。自然の中で、感じることや学ぶことは多い。自然以外では、工作などの物づくり、土粘土などに触れる体験も考えられる。

　体験で大事なことは概念的に認識しないことであり、現実が指し示すままに「すがた・かたち」を心情を介して認識することである。現実が指し示すままに認識することによって、指示的思考がおのずと育まれる。体験の重要性は、生命ある人間が宇宙のリズムに呼応しながら森羅万象の意に開かれ、心情の観得力と形成力、そして指示的思考が育まれることである。

子どもに体験させると、教師が考えるようには進まない。じっくり、子どもなりの体験の仕方を尊重しなければならない。

3 主体性を育む[2]

主体性の重要性を否定する教師はいない。しかし、真の主体性を育むことは簡単ではない。今の時代、教師が子どもを縛り付けたり、脅かしたりして強制的に活動させることは考えられない。しかし、子どもが主体的かつ活発に活動しているように見えても、課題のある活動が少なくないのも事実である。主体性の意義に着目し、「主体性を育む」ことを研究テーマにしている学校の授業も例外ではない。子どもの活動が真に主体的な活動になるかは、教師しだいであることを忘れてはならない。

「主体性」を「子どもが自分の意志で行動すること」と捉えてはならない。「主体性」を「自分の意志で行動すること」とするなら、「金を盗む」ことも、「徹夜して勉強する」ことも「主体性」になってしまう。本書で繰り返し言及しているが、我欲を強めた執我を基盤とする主体性では、心情は育たない。我欲を捨てた捨我を基盤としてこそ、心情は育つ。

教師はややもすると、教師が考えたやり方で、教師が想定した時間内に、教師が思い描いている結果に早くたどり着くことを求めがちである。授業が教師だけのものなら、それでかまわない。しかし、授業は子どもためであり、教師のためでもある。授業が教師と子どもの両主体によって営まれること、授業が教師と子どもの共同で営まれることは再確認するまでもない。それなのにである。

授業は、教師主導で展開される。教師は子どもに学びを創造するために、活動内容と支援を考えなければならない。しかし、子どもに学びを創造するため活動内容及び支援の吟味がふじゅうぶんであればあるほど、教師は自分の考えを優先する。学習指導案が用意された授業は、学習指導案どおりに展開することを優先しがちである。結果的に、子どもを借りた教師の授業

に陥る。学習指導案どおりに展開されないと、授業研究会で問題視されることもあるというから驚きである。学習指導案どおりに授業を展開することは難しくない。学習指導案どおりに進めればよいからである。しかし、子どもの反応はさまざまだし、教師の予想を超えるものも少なくない。子どもには子どもなりのやり方があるし、教師が考えもしなかったやり方をすることもある。教師が想定したやり方をするとは限らないし、教師が想定したやり方が正しいともかぎらない。一人一人の子どもに丁寧に関わり、学習指導案で想定した学びのレベルよりも上のレベルを目指さなければならない。

　また、「授業では質問や意見が活発に出ていたのではないか」との反論に出会うことがある。大切なのは発言の多少ではなく、学びの深化である。夢中になって考えたり、夢中になって活動に取り組めば取り組むほど自問自答するので、無口になる。口では、子どもに寄り添うことの大切さを言いながら、子どもの主体性が発揮されないのである。

　主体的な活動になっているか否かを、表面的な活動の姿から判断してはならない。いくら活発に取り組んでいても、大人からやらされる活動や幼少時から概念的思考を育む活動を重視するのは意味がない。

　例えば、幼少時から、ひたすら漢字の書き方を覚える学習は再考を要する。子どもが主体性を発揮しながら育まなければならないのは、ひたすら漢字の書き方を覚えるという概念的思考ではなく指示的思考である。

　概念的思考を全て否定しているのではない。概念的な思考が可能になる年齢であれば、概念的思考も意味がないわけではない。しかし、SDGsが問題にならざるをえない現状、その背景にあるエゴイズムを考えると、指示的思考を育まなければ人間社会のみならず地球に未来はない。指示的思考を育むためには、子ども自身の主体的な感応・感知による観得と形成を豊かにしなければならない。この過程でこそ、子どもに主体的な認識が育まれる。では、どのようにすれば指示的思考を支える主体性を育むことができるのだろうか。

　主体性を育むことは、子ども自身の感じ方や考え方を尊重することであ

る。主体性とは「判断の自主性」であり、そのうえで自分の心情と心情に基づく思考を大切にすることである。

　自分の心情・思考を無理に曲げて、支配的な意見に合わせたり、権力を持っている人に忖度して従ったとたんに、自分の人生を他人に委ねることになる。

　かけがえのない人生を送るためには、エゴイズムと決別するとともに、自分の心情・思考に忠実でなければならない。主体性は、自分の人生に決定的な役割を演じることを忘れてはならない。

（1）　活動内容が鍵を握る

　子どもが大人からやらされる活動、幼少時からの漢字の習得を重視する活動、順位や点数を競う活動などでは、いくら主体的に活動しているように見えても、真の主体性を育むことにならないことは述べたとおりである。では、どのような内容の活動がよいのだろうか。

　それは、「子どもが自分の感応・感知を主体的に発揮できる内容」「子どもの判断の自主性が尊重される活動」「子どもの心情を揺さぶる内容」である。別の言い方をすれば、大人からの規制・制限が少なく、子どもの心情を揺さぶり、子どもの主体的な働きに対する可塑性が高い活動である。

　可塑性が高いということは、活動内容に柔軟性・多様性・発展性があるということである。また、失敗が許されない活動はよくない。「何か違うな」と感じたときに、やり直しができる活動でなければならない。そのためには、活動するときに材料が少ないのはよくない。豊富に用意すべきである。砂場で砂遊びをするときに、砂が足りないという体験はあまりないはずである。

　さらに、手ごたえも重要である。適度の抵抗感も必要だし、道具の使用も有効である。手ごたえを実感するためには、過程や結果の分かりやすいものが望ましい。そのうえで、子ども自身が主体的に判断する場面が豊富に含まれる活動でなければならない。大人の指図・命令どおりに活動させるのは

論外である。子どもの判断に任せる場面が多くなければならない。教師の支援を受ける場合も、自分で感じ、自分で考え、自分で判断する場面が確保される活動でなければならない。

　他人から触発されることもあるので、集団での活動も重要である。集団には、自分の活動を他人に見られる「見物効果」、他人といっしょに活動する「共動作効果」、他人の活動を観察する「観察効果」、他人が活動に期待する「ピグマリオン効果」、他人から認められる「承認効果」などがあるとされる。

　表11は、特別支援学校（知的）の中学部・高等部の作業学習・生活単元学習などを想定した「題材の条件」である。いかなる校園種・学年・教科・領域にも通じると思っている。これを参考に、それぞれの校園種・教科・領域に合致する「題材の条件」を考えなければならない。

　表11には、11の観点と35の内容を掲げた。11の観点はそれぞれ独立するものではなく、相互に関連している。

　「題材の条件」とは、活動内容を考えるために重視したい観点・内容である。ここに掲げた観点・内容の説明は割愛するが、保育園・幼稚園・小中学校はもちろん、家庭でも大切だと思っている。

（2）「題材の条件」を考える

　授業は、題材を通して展開される。題材とは、教育内容・活動内容である。題材は教師が用意する。子どもは題材を選ぶことができないので、教師が用意した題材を受け入れ、従うしかない。校園種や教科・領域などにもよるが、子ども全員が同じ題材の授業もあってよいが、複数の題材から子どもが選ぶ授業も模索されるべきである。

　教師が毎年全ての授業の題材を考えることは、大変なことである。一人で考えるには限界があるので、専門図書、専門雑誌、学会誌、実践・研究発表、教科書、前任者などの実践、大学で学んだもの、ハウ・ツー本、参観授業などを参考にする。

表11　題材の条件

No.	観　　点	内　　容
1	心をひきつける	①心情を揺さぶる。 ②やってみたいと思える。 ③やればやるほど手ごたえを実感する。 ④活動に集中する。
2	適度な難しさ （発達の最近接領域）	①現在の能力で簡単にできる内容ではない。 ②教師や仲間の支援があれば解決できる。
3	失敗の許容（判断の尊重） 過程・結果の明快性	①経過や結果が明快である。 ②やり直しが容易である。 ③繰り返し行うことができる。 ④原因がある程度考えられる。 ⑤試行錯誤が可能である。 ⑥見通しが持てる。
4	発展性・多様性	①易 → 難、少 → 多、小 → 大、粗 → 細、単純 → 複雑などの過程・段階・種類がある。 ②工夫の余地がある。 ③発想を発揮できる。 ④道具を使用する（道具の難易度、種類など）。
5	手ごたえ	①材料（素材）に適度の、抵抗感、めりはり、大きさ、重さ、柔軟性などがある。 ②働きかけに応じる。 ③道具を使用する（道具の操作性）。 ④動作（全身、手腕、手指、足など）を伴う。 ⑤小さな力から大きな力まで対応できる。
6	主体的活動場面 課題解決場面 （自主的な判断）	①任せる場面、判断を求める場面、やらざるを得ない場面などが確保される。 ②支援を受けながら、自分で考え、判断し、工夫できる内容が多く含まれる。 ③単純なことを繰り返す内容が含まれない。 ④指図・指示されたことを、指図・指示どおりに展開する内容ではない。
7	人とのかかわりと表現 （共同性とコミュニケーション）	①相談・協力・報告・質問・発表など、表現する場が多く設定できる。
8	複雑な扱いへの対応 正確さの不問	①落としたり、投げたりしても壊れない。 ②誤差が許容される。
9	成就感・責任感	①一人で責任を持って行う内容が多く含まれる。
10	活動量の保証	①やり方の説明にあまり時間を要しない。 　待つ時間が少ない。 ②入手が容易で、身近な素材である。 ③要求に応じられる内容（量）がある。
11	興味・関心及び実態への対応	①生活に密着している。 ②経験したことがある。 ③発達段階や個人差・能力差（段階的な指導）に合っている。

　参考にしても、そのまま安易になぞる教師もいれば、徹底的に教材研究・教材解釈して自分なりに再構成する教師もいる。子どもの学びを深めるための題材に苦慮している教師は、他から必死に学ぼうとする。そのため、過去の先駆的な実践や図書などに辿り着きやすい。そうでない教師は、過去の優れた実践や図書などを知ることにあまり関心を持たない。よって、過去の優れた実践などが活かされていくとはかぎらない。過去の優れた実践や図書などを知らない教師ほど、自分の実践を過大評価する。

　本来の教育は過去の優れた実践・図書などに学びながら、それ以上を目指さなければならない。しかし、現状は決してそうと言える状況ではない。積極的に他から学ばなくても、教師が務まるからである。優れた実践で知られる学校も、その授業を担当していた教師が退職したり、転勤したりすると、実践が振り出しに戻ることは決して珍しくない。後任者が、前任者と同じような授業ができないのは当然である。後任者は前任者などから授業の本質を学びながら、自分の主体性・自主性を最大限に発揮して、新たな授業を創造していかなければならない。しかし、そうならないのは、次項で述べる「教師の都合」という授業とは関係ない問題があるからである。優れた実践の本質が理解できない教師ほど、前任者の実践を非難しがちである。

　小学校・中学校では教科書に載っている題材をそのまま使うことが多いが、子どもにそのままなぞらせることは望ましくない。子どもに学びを創るためには、その教科・領域に合致した「題材の条件」を加味しながら、教科書の題材に徹底的な教材研究・教材解釈を加え、授業プランをしっかり立てて授業に臨まなければならない。

　特別支援学校の場合は、教科書どおりに展開することが難しいこともあるので、題材の選定は教師に委ねられることが多い。

　題材は子どもの学びに直結するので、どのような題材でもよいわけではない。対象の子どもに合致した、子どもの学びを創造するための条件が題材になければならない。そのうえで、徹底的な教材研究・教材解釈が不可欠になる。

　しかし、学習指導案の題材設定理由に題材設定の根拠が記載されることがあっても、教科・領域に応じた「題材を選ぶための条件」が整理されて明文化されたものは見たことがない。公開研究発表会・学会・研究会・学校参観などにもそれなりに参加し、専門図書や専門雑誌にもそれなりに目を通してきたつもりだが、整理・明文化された「題材の条件」を一度たりとも目にしたことがない。校園に整理・明文化された「題材の条件」がないのに、どのような基準で題材を選定しているのか不思議でならない。

　「題材を選ぶための条件」は、頭の中に入っているとでも言うのだろうか。学習指導案に書かれた題材は「題材を選ぶための条件」が多少分かるが、学習指導案を書かない題材はどのような条件で選定しているのだろうか。条件なしに、教師の思いつきやひらめき、その場しのぎで選定しているのだろうか。教師の思いつきやひらめきも大事にしなければならないが、それはゼロベースでなく、吟味された「題材を選ぶための条件」下での思いつきやひらめきでなければならない。学習指導案に書かれている題材設定理由に、後付け感があるのは否定できない。

　他人が考えた題材を安易にまねしても授業はできるが、自分なりの解釈がしっかりできていなければ、所詮、授業は借り物になる。

　どんな題材でも、子どもに学びを創造できるわけではない。子どもに学びを確実に創造するためには、学びを創造するための具体的な条件がなければならない。その条件は授業を積み重ねながら、上書きしていかなければならない。

　題材が適切でないと、いくら支援などに工夫しても、子どもの学びは頓挫する。子どもに学びを創造するための「題材の条件」は、校園種・学年・教科・領域などによって多少の違いはあると思うが、それぞれに対応した「題材の条件」を考えなければならない。徹底的に教材研究・教材解釈しても、最終的にはあらかじめ吟味してある「題材の条件」のふるいにかけなければならない。「題材の条件」を満たさなければ、その題材を止める勇気を持たなければならない。

1）　心をひきつける

　題材にまず求められるのは、やってみたいと思える内容であることである。また、やればやるほど手ごたえを実感できる内容でなければならない。やってみたいと思っても、実際にやってみるとそうでもない内容が多いのは否定できない。

　発言が多いなど、活発に活動しているかは関係ない。夢中になって集中すればするほど、寡黙になることを忘れてはならない。

2）　適度な難しさ（発達の最近接領域）

　子どもがそのときに持っている能力で簡単にできることではなく、教師や仲間の力も借りてなんとかできる活動内容でなければならない。どんなにがんばってもできないことではなく、精いっぱいがんばればなんとかできる内容である。簡単にできないから悩むし、試行錯誤する。子どもの能力に近接する領域（発達の最近接領域）で活動してこそ、学びを創造できる。ただし、土粘土で自由に制作するような場合は、この条件はあまり該当しない。

3）　失敗の許容（判断の尊重）／過程・結果の明快性

　適度に難しい課題だと、すぐにはうまくいかないことが多い。教師が考える結果に早くたどり着かせようとする教師は、すぐに解決策を与えてしまうので、失敗することも試行錯誤することもない。これでは子どもに学びが創造されない。我々が求める授業ではない。

　適度に難しい課題には、失敗や試行錯誤は必然である。失敗することによって、また考える。失敗したからといって、失敗したことや失敗につながった判断を責めてはいけない。

　失敗しても分かりにくい題材ではなく、失敗の過程や結果が明快に分かる題材が望ましい。明快に分かると、うまくいかない原因も考えやすい。

　そのうえで、やり直しも容易でなければならない。やり直しを保証するためには、材料も余分に用意する必要がある。例えば、自分で描いた絵が納得できなくて描き直したいと思ったとき、失敗を責める教師だとがまんする。描き直しを肯定する教師には、子どもが安心して描き直し用の紙をもら

いに来ることができる。

4） 発展性・多様性

　そもそも子どもは一人一人違うし、多様である。子どもたちの多様性や変化・発展に対応するためには、多様な「過程・段階・種類」のある題材でなければならない。可塑性の高い題材である。題材の可塑性が高ければ、子どもの感応・感知によって生まれるさまざまな工夫や発想にも対応することが可能になる。

　道具の使用は、教科・領域にもよる。作業学習などは、能力差にも対応できるように、さまざまな道具を使う題材を考えたい。

5） 手ごたえ

　手ごたえは、子どもが自分で考えて行動したときに、その変化やうまくいったことなどを実感することができることである。算数の問題を解けたとき、土粘土を思うように操作できたとき、金づちでクギをうまく打てたとき、逆上がりがうまくできたときなどに感じる。教師にやらされる活動では手ごたえを実感することは少ないが、試行錯誤を経てうまくいったときなどに感じることが多い。

　表11（142頁）は作業学習などを想定したものなので、おのずと身体や道具を積極的に使うことを想定している。作業学習以外でも、身体や道具を通して感覚野（五感・体性感覚・運動感覚）や運動野に積極的に働きかける題材を考える必要がある。

6） 主体的活動場面・課題解決場面

　教師から指図・指示されたことを指図・指示どおりにする活動には、子どもの主体性が発揮される場面が少ない。授業には、教師が説明したり教えたりする場面がある。説明したり、教えたりすることは必要である。説明したり、教えたりすることを否定してはならない。授業構想で、教師が説明する場面、教師が教える場面、子どもが主体的に活動する場面（子どもに任せる場面、子どもに判断を求めたり委ねたりする場面、子どもが自分でやらざるを得ない場面など）をしっかり確認しておかなければならない。

主体的な活動場面には、自分で考え、判断し、工夫し、試行錯誤しながら課題を解決する場面が豊富に含まれていなければならない。そして、子どもの自主的な判断を尊重しなければならない。単純なことを繰り返したり、教師に指図・指示されたことをなぞるだけの題材は論外である。

7）　人との関わりと表現（共同性とコミュニケーション）

子どもが活動に集中できる題材を選定することが、重要である。しかし、学びは教師や仲間との共同で行われる。自分一人ではできないことが、教師や仲間との関わりによってできるようになることも多い。よって、学びの共同性及び集団の教育力にも焦点を当てなければならない。個々の学びを核にしながら、どのように共同性及び集団効果を加算していけるかである。そのためには、「相談・協力・報告・質問・発表」などで表現する場面が多く設定できる題材が望ましい。

子どもが自主的に他から学んだり、影響を受けたりすることもあるが、教師の配慮によって共同性や集団効果が生かされるようにしなければならない。

8）　複雑な扱いへの対応・正確さの不問

教師は、自分が考える基準を子どもに要求しがちである。しかし、子どもは教師が考えるようには活動しない。教師から見ると正確さに欠け、おおざっぱに見えることもある。反面、教師が驚くような能力を発揮することもある。

教師が考える正確さを、子どもに求めてはならない。そのため、多様な扱いにも対応できる題材が望ましい。教師が求める扱いや正確さに対応できる題材ではなく、子どもの多様な扱いに対応できる題材でなければならない。落としたり投げたりしても壊れにくく、かつ複雑で精密さにも対応できる題材である。

9）　成就感・責任感

成就感・責任感を実感するのは、自分の力が最大限に発揮されたときである。成就感は、「充実感・満足感・達成感・自己肯定感」でもある。その

ためには、子どもが一人で責任を持って行う内容が多く含まれる題材でなければならない。

ただし、一人で責任を持って行う活動であっても、自分の能力の範囲内で行う活動では意味がない。

10) 活動量の保証

授業を参観すると、授業でどのような活動をするかの説明に多くの時間を費やしたり、子どもに授業の「めあて」を考えさせて発表させる授業も見受けられる。また、授業の最後に反省を書かせたり、それを発表させている授業もある。このような授業では、子どもは成就感・責任感を実感することが難しい。授業の最初と最後に多くの時間が割かれ、必然的に子どもの待つ時間が多くなり、活動する時間が短縮される。決して長くない授業時間なのに、活動時間がますます短くなる。

多くのコマ数を充てる題材では、毎回同じような説明が必要だとは思わない。ポイントを活動の前に確認してから活動することもあってよいが、活動中に確認することもあってよい。いつ、どのような指図・指示・説明をするかしないかは、教師の都合で行ってはならない。指図・指示・説明が、教師の自己満足になってはならない。

作業学習で、少ない材料に合わせた授業も散見される。少ない材料でも困らないように、活動の前後に必要以上の時間を割いて、意図的に活動時間を短くしていると思われる授業である。子どもが活動に対する満足感を得るためには、時間いっぱいにたっぷり活動できなければならない。材料を確保することは楽ではない。購入しなければならない材料であれば、予算の範囲内の量しか買うことができない。そこで、身近にある材料を探して、教師みずから足を運んで確保することも考えなければならない。

いくら子どもの学びにふさわしい題材でも、材料が少なかったり、活動時間が制約されるのはよくない。試行錯誤しながら、じっくり取り組めるだけの材料を準備しなければならない。学びは材料の量に合わせるのではなく、子どもに合わせなければならない。

11）　興味・関心及び実態への対応

　題材が、子どもの興味・関心や実態に対応しなければならないのは当然である。能力的に考えて、明らかにできないことを取り上げることはできない。かといって、簡単にできることばかりを取り上げることも問題が多い。

　興味・関心の把握は、簡単ではない。子どもの生活や経験から、何に興味・関心を持っているかはある程度判断することができる。その興味・関心に訴える題材を考えることは大切である。ただし、子どもが興味・関心を持っているものが、全て題材に適しているわけではない。発達段階・個人差・能力差に対応し、学びを創造できる見通しが立つものでなければならない。

　一方、子どもが未経験のことでも、取り組んでいるうちに興味・関心を示す場合も少なくない。教育は文化を伝承する場でもある。それまでの教師の経験から、そのような題材を考えて取り組ませることも重要である。

　つまり、興味・関心は既知のものだけではなく、未知のものも考えなければならない。興味・関心の把握には、教師の子どもに対する教師の洞察力や授業力が反映される。

　教師が一方的に教える授業なら、この表11に掲げたような「題材の条件」は不要である。しかし、子どもが主体的に学び、子どもの生命が躍動するためには、校園種・教科・領域などに合わせた「題材の条件」を整備・明文化しなければならない。

　また、図画工作・美術などの制作活動（鑑賞もあるが）は、作品づくりのイメージが強い。しかし、題材イコール作品ではない。子どもの個性が開花し、学びが豊かに展開される過程こそ重視しなければならない。作品はその結果にすぎない。試行錯誤を繰り返しているうちに授業が終わる時刻になり、中途半端な作品になることもある。それでかまわない。作品づくりを優先し、完成した作品のみを評価してはならない。題材名は、結果としての作品を表すものであってはならない。

（3） 徹底的に教材研究する [3)]

　授業は、子どもに学びを創ることである。子どもの学びは、教材を通して行われる。教育内容・学習内容である。子どもに学びを創ることができる教材を、徹底的に考えなければならない。いくら支援に工夫しても、学びの材料である教材に難があれば子どもの学びは頓挫する。

　伊藤巧一は [4)]、教材研究を「第一次教材研究」と「第二次教材研究」に分けている。「第一次教材研究」は授業に直接関係なく、あらゆる角度から教材を徹底的にかみ砕いて洗い出す作業とされる。粘土の場合は、まず、作品づくりに直接関わる、土作り・成形法・技法・用具・焼成法などを理解しなければならない。さらに、発達段階における粘土表現の特質と学習課題、粘土や焼き物の歴史、生活との関わり、用途なども理解する必要がある。そのうえで、これらから学びにつなげられるものを徹底的に洗い出さなければならない。

　粘土指導の経験がないとか、経験が浅いとかは教師の都合であり、子どもにはいっさい関係ない。教材研究は、教師にとっての勉強である。教材に対する知識がなければ、必死になって勉強すればよいだけである。文献で調べる、現場を訪ねる、自分でやってみるなどが欠かせない。米作りを学ぶために、1年間農家に通った教師がいる。地域で収穫された大根が加工のために運ばれた県外の漬け物工場に、わざわざ調査に出かけた教師もいる。

　「第二次教材研究」は「第一次教材研究」の解釈を受けて、授業対象の子どもを念頭に不必要なものを切り捨て、授業を組織するための核を明らかにして授業構想をするための教材研究である。教師は、調べたもの、自分の知識の全てを授業で使いたがる傾向がある。授業の核にならないものを、いかに大胆に捨てられるかが鍵を握る。

　さらに、湯浅恭正は [5)]、子どもの側の教材解釈を授業者がどのよう判断して対応するかという、子どもの側からの教材研究としての「第三次授業研究」を提起している。教材研究はもっぱら教師側からなされるが、授業が教師と子どもの共同で行われる以上、子どもの側からの教材研究がもっと重視

されなければならない。

　教材研究に、ゴールや完成形はない。教材に精通している教師など、いるはずがない。教材研究をあまりしなくても、教師の半端かつ断片的な知識でも授業ができる悲しい状況はあるが、いかに授業研究を深めるかが問われる。

　教材研究で重要なことは、借り物でないことである。ハウ・ツー本などからの安易なまねでは、学びを組織することができない。教材が教師自身のものになり、教師が実感できるものになっていなければならない。教材研究が深まっていくと、授業で教えたいこと、つまり子どもに学ばせたいことが教材から浮かび上がってくる。

　教材研究が、子どもに学びを創造する決定的な鍵を握っていることを強調しても強調しすぎることはない。

（4）　学びを徹底的に構想する[6]

　子どもの学びを構想するためには、前項の「徹底的に教材研究する」が前提条件になる。そのうえで、子どもの学びを徹底的に構想しなければならない。

　学習指導案の展開には活動内容が並べられ、活動内容に対応した支援や留意点が書かれる。しかし、教材及び支援の具体的な引き出しが教師にたくさんなければ、具体的な学習場面に応じて、多様な子どもに学びを創ることはできない。その引き出しをもとに、子どもの具体的な学びを構想しなければならない。ただし、引き出しをたくさん持っていても、授業で生かすことは簡単ではない。ここに、子どもの学びを構想する難しさがある。

　学びは教師に指図・指示されて何かをやることではないので、学習指導案は教師が子どもに教えることを構想するものではない。教師や仲間が関わりながら、子どもが一人では到達することができない発達の最近接領域に自ら到達できるように構想することである。このための構想を、厳しく吟味しなければならない。「活動＝学び」とはかぎらないので、構想では学びに本

質的なものと、そうでないものが区別できなければならない。

　授業は、教師の授業力に左右される。授業力とは、子どもの深い学びを構想し、組織する力である。子どもが深い学びに分け入っているときは、眼を輝かせ、心を躍らせ、自然と集中している。授業は子どもにとって、取り戻しができない、かけがえのない時間であることを自覚しながら、この姿を目指して、子どもの学びを構想しなければならない。

（5）　根強い教師の都合優先

　世界は時間と空間からなるので、平面（二次元）は抽象化された世界である。造形表現は土粘土作品のような立体（三次元）も大事だが、絵画などの平面（二次元）も大事である。よって、土粘土も絵画も同じくらい重要である。

　かつての千葉盲学校や弘前大学教育学部附属養護学校の美術作品展では、子どもの個性が開花した土粘土作品がたくさん展示されていた。そして、この実践を通して、土粘土が子どもの主体的な学びに優れていることが証明されている。また、千葉盲学校や弘前大学教育学部附属養護学校の実践以前から、滋賀県の施設（落穂寮・第二びわこ学園・一麦寮など）では土粘土に着目し、今日まで積極的に取り上げている。しかし、特別支援学校の美術作品展では、土粘土作品よりも絵画作品が圧倒的に多く展示されている。

　土粘土は可塑性に優れるので、自分の思いのままに操作しやすい。やり直しも簡単である。触覚を通して、土粘土のぬくもりなども感じることができる。表11に照らすと、土粘土はほとんどの条件をクリアし、絵画よりも多くの条件をクリアしている。それなのに、なぜ多くの特別支援学校は土粘土を積極的に取り上げないのだろうか。子どもの都合を考えると、土粘土を積極的に取り上げなければならない。土粘土を積極的に取り上げないのは、教師の都合以外の何ものではない。教師の都合を優先するのは教師の自我であり、それも執我（エゴイズム）である。土粘土を取り上げているとの反論があるかもしれないが、ほんの数回では取り上げたことにならない。

　いかなる職業もまじめに取り組むのは当然であるが、教師は「労力をいとわない教師」と「できれば労力をかけることは避けたい教師」に二分できる。絵画に比べると、土粘土がいかに教師の労力を要するかを確認したい。

　土粘土を積極的に取り上げない理由に、「土粘土に関する専門的な知識・技能がない」ことを挙げる教師がいる。何事も、最初は知識・技能に乏しいのはあたりまえである。時間をかけて教材研究し、専門的な知識・技能を身に付けていくしかない。土粘土の場合も、「どんな土粘土が適しているのか」「成形にはどのような方法があるのか」「焼成はどのようにしてするのか」「釉薬はどのようなもので、どのような方法で掛けるのか。」「どのような道具を使うのか」「作品が壊れたら、どのように修理したらよいのか。」などは、必死になって身に付ければよい。そもそも教材研究をじゅうぶんにしていない題材を授業で取り上げるのは、子どもに失礼である。土粘土に関わる専門的な知識・技能の乏しさは教師の都合であって、子どもには関係ない。

　絵画に使う紙は価格が安いので、紙の購入に苦労する教師はいない。しかし、絵画に比べると土粘土は高いので、「土粘土を買う予算がない」ことを土粘土を積極的に取り上げない言い訳にする教師がいる。

　大事なのは、土粘土のよさに着目したなら、土粘土の確保に奔走すればよいだけである。少しでも多くの土粘土を入手する作戦を立てる。学校や教師の居住地近くの工事現場や野山などから、粘土層を探す。教材店から買うと割高になるので、粘土瓦製造業者・レンガ製造業者・陶器製造業者などに交渉して安価で分けてもらう。このように、いろいろな方法が考えられる。筆者の場合は雪国の学校だったので、粘土瓦製造業者やレンガ製造業者は近くになかった。そこで、地元の陶器製造業者を訪ねて分けてもらったり、県外の陶土専門業者からまとめて購入したりした。工事現場や野山などから粘土層を探してサンプルを採ったこともあったが、耐火度や収縮率から、使用できる粘土にたどり着くことができなかった。美術作品展のあとに、大量の土粘土を寄附してくれる会社があった。土粘土の確保に苦労していたので、大変ありがたかった。

　多くの土粘土を確保するには多大の労力を伴うが、少しでも多くの土粘土を確保することも重要な教材研究である。土粘土のよさに着目して実践を積み重ねていけば、子どもの個性が開花するので土粘土のよさを実感する。しかし、土粘土を積極的に取り上げなければ子どもの個性が開花しないので、土粘土のよさを実感することができない。そのため、土粘土の確保にも必要性を感じない。「土粘土を積極的に取り上げない → 子どもの個性が開花しない → 土粘土を積極的に取り上げようとは思わない」、この悪循環に陥る。

　また、絵画は事前の準備をしなくても授業は可能である。授業開始時にその場で紙や描画材料を出しても、特段困ることはない。土粘土の場合は、陶工室・図画工作室・美術室などの机が完備している場所でも、事前に土粘土を運んで確認しておかなければならない。バケツ・道具類・粘土板・雑巾なども準備しておかなければならない。普通教室で授業する場合、ブルーシートなどの準備が必要になることもある。

　授業終了時は、絵画の場合は描画材料と作品をそのまま短時間で保存することができる。筆やパレットを使っても、簡単に洗うことができる。一方、土粘土の場合は、作品や残った土粘土を片づけたり、机を何度も拭いたり、道具類を洗って保存しなければならない。特に土粘土作品は絵画作品のように重ねることができないので、相応の保管場所が必要になる。学校で広い保管場所を確保するのは簡単ではない。保管場所が多少あったとしても、1点でも多く置けるようにするために棚板や仕切りなども工夫して用意しなければならない。作品の移動にも、時間を要する。これらを、空き時間の少ない勤務時間内か勤務時間外にやらなければならない。

　授業後は、絵画作品は特にすることはないが、土粘土作品は作品の個性が生かされる焼成を考えなければならない。施釉する場合は、施釉の前に素焼きをしなければならない。本焼きは、高温で焼成しなければならない。自動焼成機能のある焼成窯だと時々様子を見ればよいが、それでも焼成には時間がかかる。薪窯は、大量の薪を準備することも大変である。薪窯焼成は電

気窯・ガス窯・灯油窯に比べると時間がかかるうえに、薪を次々と焚き口に投入しなければならないのでその場から離れることができない。筆者は簡易穴窯を造って、薪で何度か焼成したことがある。土曜日は午前も授業があったので、「土曜日の午後から日曜日」や「日曜日と祝日の月曜日」の休日を焼成に当てた。同僚も積極的に協力してくれた。夜中に、保護者といっしょに焼成を見学にきた子どももいた。

　どの窯であれ、一回に焼成できる作品の数は限られるので、何度も焼成しなければならない。作品が多くなると、相当な回数焼成しなければならない。小学校・特別支援学校・保育園などの作品展で、素焼きのまま展示されている作品を少なからず見たことがある。どう見ても、素焼きが最良の焼成方法とは思えなかった。本焼きは何日も要しないので、本焼きする気があればできたはずである。焼成窯がなくても、野焼きがある。子どもの生命の一部である作品のよさに合う本焼き（焼き締め、施釉、野焼き）を考えて焼成するのは教師の労力を多く伴うので、労力をあまり伴わない素焼きにしたと思われる。教師にとって、本焼きがめんどうだったにすぎない。命が吹き込まれた土粘土の作品を、素焼きによってだいなしにしていることをなんとも思わない教師の心情が悲しい。教育は、生命ある教師と子どもによる営みである。活動から生まれる全てのものに生命が宿っている。教育は、生命の輝きを目指して展開される。ならば、教師は生命をいとおしみ、生命が最大限に輝くように全力で取り組まなければならない。「素焼き」でよしとする教師に、教師の資格があるとは思えない。

　土粘土作品は、焼成後も保管場所が必要である。保管方法を工夫しても、限界がある。また、作品展を開催する場合は、絵画作品は額装しても重ねられるし、運搬や展示も楽である。一方、土粘土作品は壊れないように梱包をしないと運搬できない。箱やクッション材も確保しなければならない。土粘土作品は壁に掛けられる作品は限られるので、机や床などにも工夫して並べなければならない。展示会場に机や台などがなければ、運ばなければならない。机や台があったとしても、そのままでは作品が輝かないことも想定

されるので、工夫するための材料も準備しなければならない。運ぶための車も確保しなければならない。

　絵画も土粘土も、材料を与えるだけでは子どもに学びは創造されない。子どもに学びが創造される環境を考えたり、制作のテーマなどを工夫しなければならないのは共通している。しかし、絵画と土粘土の明確な違いは、土粘土が「土粘土に関わる専門的な知識・技能」「費用」「授業前の準備」「授業中の対応」「授業後の作業」など、絵画を取り上げるときとは比較にならないほどの労力が教師に要ることである。実際に土粘土をやればやるほど、教師の労力は半端ではない。しかし、土粘土に取り組んでいるときの子どもの輝きを目の当たりにすると、教師の労力は吹っ飛んでしまう。

　粘土を取り上げても、土粘土ではなく、紙粘土や油粘土を取り上げる教師も少なくない。紙粘土や油粘土を取り上げるのは、子どもの都合ではなく、教師の都合にすぎない。紙粘土はべとつくうえ、繊維が絡まって自由に操作しづらい。油粘土も、油っぽく嫌な触感があるうえ、弾力があって自由に操作しづらい。子どもの都合からすれば、紙粘土や油粘土はなんとも扱いにくい粘土である。しかし、教師からすれば、紙粘土や油粘土は焼成できないので焼成する必要がない。油粘土は、プラスチックケースに保管しておけばいつでも取り出して使える。このように、紙粘土や油粘土は土粘土に比べれば教師の労力を要しない。

　土粘土のよさを否定する教師はいないのに、積極的に取り上げない理由として「費用」や「専門的な知識・技能」を挙げる教師が少なくない。これらとて、教師が努力すれば確実に解決できる。しかし、本心は多くの時間がとられ、多くの労力を要することから逃れたいのである。これは、教師のエゴイズム以外のなにものでもない。子どもに学びを本気で創造しようと思えば、徹底的な教材研究は避けられない。土粘土を積極的に取り上げない教師は、徹底的な教材研究も避けたいのである。よって、土粘土を積極的に取り上げるかどうかで、子どもに学びを本気で創り上げようと努力する教師かどうかを見抜くことができる。

　以上から、教師の都合によって、子どもに学びを創造するための条件に合致した題材が必ずしも選ばれるとはかぎらない。子どもの都合に照らせば、選ばれて当然な題材でも選ばれないことが少なくない。大変困ったものである。

　土粘土を積極的に取り上げない教師にもプライドがあるので、「教師にとっては、土粘土よりも紙粘土や油粘土が楽である。」とか「子どもにとって土粘土がよいことは分かっているが、積極的にやると大変忙しくなる。忙しくなるのはごめんだ。」などの本音は、口が裂けても言えない。

　「題材の条件」を吟味して整備しても、題材の選定に主導権を持っている教師の都合が絡まるので、「題材の条件」を第一に考えた題材が必ずしも選ばれないという残念で悲しい状況がある。この状況をどのように受け止めて、どのように改善・克服していくかが教師一人一人に問われる。

（6）「支援」を考える[7]

　ここでの「支援」は、「支援方法」「指導方法」「教授行動」と同義である。支援は、子どもが課題の解決に困っているときのヒントと言ってもよい。

　支援は表 12 のように、子どもが仲間の活動からヒントを得る場合もあれば、仲間から直接アドバイスをもらう場合もある。さらに、教師による支援もある。ここでは主として、教師による支援を取り上げる。

　授業では、教師が子どもに対して指示・説明・教示などのさまざまな支援をすることになる。支援は、主体的な学びを促進することもあれば、子どもの主体的な学びを阻害することもある。

　教師による支援は、子どもの学びを大きく左右する。的確な支援をすることが、教師に求められる重要な能力である。

1）「支援」の種類

　表 12 のように、支援は「子ども（仲間）からの支援」と「教師からの支援」が考えられる。また、教師による「直接的支援」と「段階的支援」の特質を表 13 に示した。

表 12　支援の種類

支援者	支援の区別	名　称	内　容
子ども（仲間）	間接的支援	観　察	・仲間の活動を見てヒントを得る。
	直接的支援	説　明	・仲間がやり方を説明して教える。
		相　談	・どうすればよいかを仲間に相談する。
		示　範	・仲間がやり方を示す。
		補　助	・仲間がいっしょに手伝う。
教　師	直接的支援	発　問	・子どもが間違いそうなときや間違ったとき、「それでいいのかな？」などの疑問を投げかける。
		指　図（命令）	・子どもが間違いそうなときや間違ったとき、教師が正しいと考えるやり方を指図(命令)する。
		指　示	・子どもが間違いそうなときや間違ったとき、教師が正しいと考えるやり方を指示する。
		禁　止	・子どもが間違いそうなとき、直ちに中止させる。
		注　意	・子どもが間違いそうなときや間違ったとき、注意する。
		修　正	・子どもが間違いそうなときや間違ったとき、やり方を教えて修正させる。
		説　明	・子どもが間違いそうなときや間違ったとき、その理由を説明する。
		示　範	・子どもが間違いそうなときや間違ったとき、教師が正しいと考えるやり方をやってみせる。
		補　助	・子どもが間違いそうなときや間違ったとき、教師が正しいと考えるやり方になるように補助する。
		介　助	・子どもが間違いそうなときや間違ったとき、教師が正しいと考えるやり方になるように介助する。
	段階的支援 共通的支援		表 14（162 頁）参照

・子ども（仲間）からの支援

　まず、どうしてよいか困っているとき、仲間の活動を見てヒントを得られる支援がある。仲間から直接働きかけることはないので、「間接的支援」とした。また、困っているときに仲間が「説明・相談・示範・補助」などをする「直接的支援」が考えられる。この「子ども（仲間）からの支援」は、教育が集団で行われるからこそ生まれる。特別支援教育では未だに個別指導

表13　「直接的支援」と「段階的支援」の特質

	直接的支援	段階的支援
特　質	子どもが失敗したり、戸惑っているときに、すぐに解決できる方法を教えて支援する。	子どもが失敗したり、戸惑っているときに、子どもが自ら気づいて解決できるためのヒントを段階的に小出しにして支援する。
試行錯誤	子ども自身の失敗や試行錯誤が、あまり許容・保証されない。	子ども自身の失敗や試行錯誤が、許容・保証される。
成就感	すぐに解決できる方法を教えてもらうため、短時間で課題を解決できるが、子ども自ら解決した実感に欠ける。そのため、成就感を実感できない。	ヒントをもらっても時間はかかるが、試行錯誤しながらなんとか自力で課題を解決する。そのため、成就感を実感できる。

が散見されるが、教育における集団の教育力に着目しないわけにはいかない。

・教師による支援

教育では、教師が積極的に支援する。どのように支援するかが、教師の大きな関心事となる。

まず、子どもが困っているとき、教師が想定した結果に効率よくたどり着けるようにする直接的支援がある。直接的支援では子どもが間違いそうなときや間違ったときに、間違いに気付かせたり、解決策を教示する支援である。子どもの行動を修正する支援といってもよい。具体的な支援は「発問・指図（命令）・指示・禁止・注意・修正・説明・示範・補助・介助」などあるが、順序性はない。

一方、段階的支援は子ども自身で解決できるようにする支援だが、すぐに解決できるための支援をするのではなく、あくまでも子ども自ら解決できるように遠いヒントから提供して様子を見ながら、間接的支援から段階的に根気強く小出しにして、解決するためのヒントを徐々に強めていく支援である。表14の「静観・発問・再生／点検・比較／選択・修正／説明／示範・補助・介助」は、間接的支援から直接的支援の段階を表している。支援の区

別を「段階的支援」としたが、正確には「間接的支援から直接的支援に至る段階的支援」である。最終的に直接的支援であっても、その前に段階的支援を行なっている場合は、段階的支援になる。

　段階的支援がよくて直接的支援が悪いと短絡的に考えてはならない。教師が想定した結果に効率よくたどり着かせる支援ではなく、あくまでも子ども自身が自ら解決できるようする支援が重要である。そして、子ども自身が自ら解決できるようにするためには、ヒントを小出しにする「段階的支援」が極めて有効である。

　教師が支援するにあたっては、徹底的な教材研究に基づく学びの構想をしっかり持って授業に臨まなければならない。そして、子どもの生命が発する声に耳を傾けながら、子どもの生命が躍動するように対話しながら、授業を展開しなければならない。

　教師の自我が執我に基づく直接的支援は、「授業構想・授業展開・結果」で教師の考えを優先する「教師独りよがり」の授業になるのは明白である。直接的支援は1枚のカードを切ることが多いが、数枚のカードを切る段階的支援も、教師が想定した結果に効率よくたどり着かせる支援ならば、本質的には直接的支援である。

　一方、教師の自我が捨我のときは、授業構想・授業展開は子どもにじゅうぶん配慮するとともに、過程が尊重される。「教師独りよがり」にはならないので、教師と子どもが共同で学びを創造する授業になる。教師による段階的支援は、教師の自我が捨我のときにこそ生かされる。

2）「支援」を段階的に構造化する

　支援は研究者らによってさまざまに分類されているが、構造化されたものはあまり目にしたことがない。授業では、子どもにとって最適な支援ができれば、支援の分類や構造化は問題ではない。授業を参観すると、疑問を感じる支援も少なくない。例えば、子どもが困っている時に、すぐに解決できる直接的支援をする教師が少なくない。

　支援は、構造化が目的ではない。構造化することによって、子どもの学

びの過程にじっくり寄り添うことができる教師でありたいからである。いきなり直接的支援をすると結果はよいかもしれないが、学びの過程は真白になる。子どもの学びを確かなものにするためには、支援が必要な場合は間接的支援から直接的支援に向けて、回り道しながら、支援を小出しにすることがあたりまえにならなければならない。

　子どもの行動を教師が考える結果に早くたどり着かせたい場合は、「説明・指図・指示・命令・禁止・注意・叱責・補助・介助」などを強めればよい。しかし、子どもの主体的な学びを創造していくためには、様子を見ながら、じっくり取り組ませなければならない。それは、教師からすれば遠い回り道になるかもしれない。根気強くヒントを小出しにしながら、教師の支援が子どもの主体的な学びに確実に寄与していかなければならない。

　子どもがつまづいたり、困ったり、うまくいかないとき、子どもが自力で解決することも多い。しかし、解決できないときに、すぐに解決できる支援をするなら、「表14『段階的支援』と『共通的支援』」にあるような段階的支援は不要である。

　「いつ」「どのような支援をするか」は、教師の考えに基づいて判断する。支援は、教師の考えに大きく左右される。直接的支援は論外だが、段階的支援であっても教師の考えによっては子どもの主体的な学びにもなれば、教師の考えに誘導することにもなる。よって、段階的支援だからよいというものではない。

　本書のこれまでの言及から、子どもに学びを創るためには教師の考えを生む思考が概念的思考ではなく、指示的思考でなければならないことは言うまでもない。

　表14は、特別支援学校（知的）の生徒を想定したものである。表14の段階的支援は、教師による個々の子どもに対する支援を主に想定している。しかし実際は、集団全体に対する段階的支援もあるし、仲間からの支援もある。仲間からの支援は子どもに直接の場合もあれば、表14の「2段階『観察』、『みんな、何をしているかな』など。」のように、教師の支援によっ

表14 「段階的支援」と「共通的支援」

1 段階的支援

段　階		名　称	内　容
間接的支援 （高位水準） ↓ 直接的支援 （低位水準）	1	静　観	・活動を見守る。
	2	発　問	・問いかけて、気づくようにする。
			確　認 「それでいいのかな」など。
			観　察 「みんな、何をしているかな」など。
			想　起 「前はどうだったかな」など。
	3	再　生	・本人が話したことや行ったことを、そのまま繰り返して気づくようにする。
		点　検	・それでよいかを本人に点検させたり、教師がいっしょに点検して、気づくようにする。
	4	比　較	・周囲の状況や仲間のやり方などを比較させたり、良い例と悪い例をやってみせたりして比較させて、気づくようにする。
		選　択	・複数の選択肢から選ばせて、気づくようにする。
	5	修　正	・望ましい言い方ややり方に気づかせたり、教えたりして修正を促す。
		説　明	・名称、理由、原因、意義、ポイントなどを教える。
		示　範	・見本を見せたり、やり方をやってみせる（部分、全体）。
	6	補　助	・できないところ、言えないところ、きっかけなどを補助する。
	7	介　助	・手を添えて、いっしょにやる。

2 共通的支援

集　中	・見るとき、聞くとき、話すときに、気持ちを集中させる。
促　進	・うまくとりかかれないときや、ちゅうちょしているときなどに行動を促す。
激　励	・励まして、意欲を高める。
称　賛	・よい点を褒め、いっしょに喜ぶ。
相　談	・仲間や教師に相談させて、気づくようにする。

て、仲間の活動からヒントを得るようにする場合もある。「表14『段階的支援』と『共通的支援』」にある「共通的支援」は、「段階的支援」の各段階に共通する支援で、教室全体の雰囲気づくりなどにも大きく影響する重要な支援である。

　なお、表14の「段階的支援」及び「共通的支援」では、「指図」「指示」

「命令」「禁止」などを想定していない。指図・指示・命令・禁止は子どもの学びの創造に必要ないし、子どもの学びを阻害しかねないと考えたからである。

　具体的な支援をする際は、「いつするか」の判断も重要である。そして、支援をしたときはその支援を子どもが「どう感じたのか」「どう受け止めたのか」「どう理解したのか」などを深く洞察できる感受性を教師は磨かなければならない。

　洞察するためには、教師の自我が「自我にとらわれる執我」ではなく、「自我にとらわれない捨我」でなければならないのは言うまでもない。なぜなら、その支援が子どもにとってどうだったのかを的確に把握して、次の支援につなげていかなければならないからである。

　表14の「1段階『静観』、『活動を見守る。』」は、教師が傍観しているのではない。この「静観」を含め、教師が具体的な支援をしていないときこそ積極的支援と考えなければならない。なぜなら、そのときの教師には「子どもがどのような気持ちで取り組んでいるか」「この後にどのように活動が推移していくのか」「どのような状態になったら、どのような支援をしたらよいか。」などを深く洞察して考えなければならない時間だからである。

　なお、表14に掲げた段階の名称は内容の説明で理解できると思うので、個々の内容の説明は割愛する。

　教師が考える活動や結果に早く誘導すると子どもに学びは創造されず、子どもの生命は決して躍動しない。子どもが主体的に活動すればするほど、子どもは考え、悩み、工夫し、試行錯誤する。子どもが試行錯誤しながら活動に取り組む過程で、教師の支援が必要になることは多い。その支援は、間接的かつ最小限でなければならない。教師は子どもの様子を見ながら、その支援を「いつ」「どのようにするか」を瞬時に判断しなければならない。そして、様子を見ながら更なる支援が必要か、必要ならどのような支援が必要かを考えなければならない。子どもが主体的に解決するまで、支援の段階を徐々に上げていくことが重要である。

　ただし、実際に支援する場合は、1段階からスタートするとは限らない。段階どおりにいかないこともある。そのときの子どもの活動に合致すると考えた最小限の支援が、どの段階に相当するかにすぎない。想定したどの段階にも当てはまらない支援もありえる。

　授業は子どもが学びに集中すれば、子どもと教師はあうんの呼吸で対話しながら進められ、子どもの活動と教師の支援が一体になる。支援だけ取り出すことができないので、参観者は授業者の具体的な支援を見逃すことがあるかもしれない。それくらい、教師の支援は自然に行われなければならない。

3）題材に合わせた段階的な具体的支援を考える

　表14のような、「段階的支援」を考えれば終わりではない。表11（題材の条件）を考えたうえで、実際の授業（題材）で想定される「各段階における具体的支援」を考えておかなければ、実際の授業で立ち往生しかねない。無論、いくら題材に合わせた「各段階における具体的支援」を考えておいても、そのとおりにいかないことが多い。しかし、事前に「各段階における具体的支援」を考えて想定していれば、その考えに基づいた柔軟な対応が可能になる。授業構想は表15まで考えてこそ、授業構想といえる。

　表15は、特別支援学校（知的）中学部の生活単元学習のものである。中学部の行事で1年生の学級がゲームを行い、参加者に渡す景品を包装紙や袋で包む題材「どうやって包むかな」に関わる段階的支援の具体例である。予想される子どものつまづきで考えられるものを全て挙げ、そのうえで、子どもの予想されるつまづきに対して、教師が想定した「各段階における具体的支援」を整理したものである。

　教師は徹底的な教材研究・教材解釈をして授業に臨めば、子どもの実態に照らして、具体的にどのような活動をするかがある程度予測できる。そして、予測した活動に対応してどのような具体的な支援を段階的にすればよいかを表15のように構想することが可能になる。

　表15では、具体的な支援を段階順に記しているが、フロー・チャートに

表15 「段階的支援」の具体例

活動内容	教師の願い	予想されるつまづき	つまづきに対する主な具体的支援（手だて）
準 備	・必要なものに気づいて、自分から準備してほしい。	・席を立たない。	2 発問：「みんな何してるかな？」と話しかける。 4 説明：準備物の名称を確認したり、準備しないと仕事ができないことを教える。 6 補助：手をとって、立ちやすくする。
		・準備物を間違う。	1 観察：やる過程で気づくのを待つ。 3 注視：友達が準備しているのを見せる。 3 選択：準備物の中から、使うものを選ばせる。 3 相談：どうしてもうまくいかないときは、友達や先生に相談させる。 4 示範：見本を見せる。 5 指示：使うものを具体的に指示する。
		・どれを選択したらよいか迷う。	3 相談：友達や先生に相談させる。 3 選択：準備物の中から、使うものを選ばせる。 4 示範：見本を見せる。
包 装	・やりやすい場所でやってほしい。	・狭い場所など、やりにくい場所でやる。	4 説明：全体に話す。 2 発問：「やりにくそうだけど、どうかな」と話しかける。 3 注視：友達の様子を見せる。
	・できたら報告にきて、見せてほしい。	・話しに来れない。	4 説明：全体に話して、確認する。 2 発問：「できたらどうするのかな」と話しかける。 6 補助：話すきっかけや、言えないところを補う。
	・分からなかったり失敗したりしたら、あきらめたり黙っていないで、友達や先生に相談してほしい。 ①困ったらすぐに気持ちを伝えてほしい。 ②促されたり教えてもらったりして、言葉で表現してほしい。 ③望ましい言い方をしてほしい。	・困っていることを自覚できない。	2 発問：「それでいいのかな」と話しかける。 4 示範：見本を見せて、違いを理解させる。 5 指示：最後までやるようにさせる。
		・困っていても、教師の助けを待っている。	4 説明：困ったときは自分から話すことを、全体に話しかけて確認する。 2 発問：「困ったときは、どうすればいいのかな」と話しかける。 6 補助：話すきっかけや、言えないところを補う。
		・声が低かったり、発音が不明瞭だったりする。	4 説明：相手に伝わらないことを教える。 4 修正：望ましい言い方に気づかせ、修正させる。
		・言い方が乱暴になる。	2 発問：言い方がよかったかどうか問いかける。 4 修正：望ましい言い方に気づかせ、もう一度言い直させる。 4 説明：優しく話すように教える。

166

	目標	問題行動	手だて
	・たとえ失敗したり、うまくいかなくても、自分なりに考えながら、思い切りやってほしい。	・友達や教師に頼ってしまう。	4 説明：失敗してもいいから、やってみることの大切さを、全体に話して確認する。 3 注視：友達のやり方を見せる。 4 示範：見本を見せる。 5 指示：最後までやらせ、完成させる。
		・あきらめてしまう。	3 注視：友達のいっしょうけんめいな取り組みの様子を見せる。 3 相談：友達や先生に相談させる。 5 指示：最後までやらせ、完成させる。 6 補助：取り組みのきっかけを補助する。
		・周りに気をとられる。	2 発問：「どこを見てるのかな」などと話しかける。 3 注視：友達のいっしょうけんめいな取り組みの様子を見せる。 4 説明：わき見をすると手が止まることなど、分かりやすく話す。
	・きれいに包んでほしい。	・袋や紙が品物に合っていない。	2 発問：「それでいいのかな」と話しかける。 3 選択：適切なものを選ばせる。 4 示範：見本を見せる。
		・やり方そのものが悪い。	3 注視：友達のやり方を見せる。 3 相談：友達や先生に相談させる。 4 示範：見本を見せる。 4 説明：やり方のポイントを教える。
		・雑になる。	2 発問：「それでいいのかな」と話しかける。 4 示範：見本を見せる。 4 修正：望ましいやり方に気づかせ、修正させる。 4 説明：仕事はていねいにやらなければならないことを教える。
		・包むこと自体が難しい。	5 指示：袋に入れる仕事をやらせる。 7 介助：手を添えて、いっしょにやる。
後片づけ	・自分が使ったものは、片づけてほしい。	・片づけようとしない。	3 注視：友達が片づけているのを見せる。 5 指示：片づけるものを具体的に指示する。
		・元と違う場所に返す。	2 発問：「そこでいいのかな」と話しかける。 4 説明：きちんと返さないと、次に使うときに困ることを教える。 4 修正：正しい場所を教え、修正させる。
	・ごみを片づけてほしい。	・ごみに気づかない。	3 点検：きれいに片づいているかどうかを、点検させる。 4 説明：ごみが落ちていることを教える。 5 指示：ごみが落ちている場所を示し、片づけるように指示する。
		・気づいてもやろうとしない。	2 発問：「どうすればいいかな」と話しかける。 3 注視：友達が片づけているのを見せる。 4 説明：気づいたら自分からやることを教える。 5 指示：片づけさせる。

したり、図式化したり、矢印を活用したりすることなども考えられる。

　前項でも述べたが、実際の授業では具体的支援が段階順になるとは限らない。また、それぞれの支援は言語だけのときもあるが、身振りや手振りなども併用されることがある。よって、具体的支援は言語にとどまらない。言語的支援と非言語的支援の両方を意識しながら、子どもに率直に伝わる方法で支援しなければならない。

　表15は、「活動内容」「教師の願い」「予想されるつまづき」「つまづきに対する主な具体的支援（手だて）」で構成されるが、「子ども自身の願い」「考えられるつまづきの原因」なども加えるとよいと思っている。

　ただし、全ての授業でこのような表を作成するにこしたことはないが、相当な時間がとられるので現実的ではない。いくつかの題材で作成して授業すれば、縦糸になって他の授業にも活用することができる。

　子どもが一人で解決できる学習内容では、子どもに学びを創造することができない。子ども一人ではできないが、教師や仲間との関わりがあればなんとか解決できる学習内容でなければ子どもの学びは創造されない。このような学習内容では一人で解決できることもあるが、支援が必要になることが多い。支援するためには、具体的な支援が緻密に構想できていなければならない。また、学習内容と支援は密接に関連しているので、支援だけを考えてはならない。

（7）　自己決定・試行錯誤を保証する[8]

　そもそも、子どもの活動を完全に予想することはできない。子どもは活動の結果に無関心な場合もある。結果に関心ある場合は、結果に満足する場合もあれば満足しない場合もある。活動は完全には予想できないので、予想外のいろいろなことが起こる。いろいろなことが起こることも含めて過程である。

　「失敗」という言葉は再考を要すると思っている。結果に満足しないからといって、それは失敗ではない。途中でうまくいかない場合も、失敗ではな

い。結果に満足しないことも、途中でうまくいかない場合も含めてトータルな活動である。

夢中になって活動することが重要である。夢中になって活動することは子どもが自分の心情と対話しながら、絶えず自己決定していることになる。「あれ、こうかな。」「こうやってみたらどうかな」「ちょっと違うな」なども、活動の一環である。「試行錯誤」ではなく、「試行」という言葉がふさわしいのかもしれない。

教師が考えた活動に子どもを部分的に参加させると、せっかくの自己決定場面を奪うことになる。そして、子どもが教師に「させられる活動」になる。

例えば、魚を作るときにあらかじめ教師・保育士が魚の形に切った紙を子どもに渡して、教師・保育士が用意した描画材料で着色させた実践がある。この活動では、魚の種類や形が教師・保育士によって決められているので、子どもは自分の心情を表出することができない。子どもは教師・保育士に指図されながら、色だけは自由に選んで着色する。色も塗り方も個人差がでる。この個人差を個性の発揮とは言わない。個性は、その子どもがイメージしている魚の形・色を、子どもなりのやり方で描いて表出した場合に発揮される。

子どもが自己決定できるためには、子どもの感応・感知（観得）や判断を尊重することである。そのためには、「子どもに任せる場面」や「子どもが判断する場面」をできるだけ多くしなければならない。そして、子どもの活動の過程・結果を共感して受容しなければならない。

この際、教師・保育士の判断で子どもが自己決定する場面を制約してはならない。子どもの活動にお膳立ては必要だが、それはあくまでも子どもの自己決定を確かなものにするためでなければならない。

砂遊びを考えてみたい。子どもは、自由に砂遊びを楽しむことが多い。砂遊びの動作の一つ一つが自己決定である。砂遊びは100％子どもの主体的な活動のように見えるが、「どこに、どのような砂場を用意するか。」「どこ

の砂場で遊ばせるか」「水や道具の準備をどうするか」などは、子どもが自己決定しながら砂遊びを楽しむための環境設定である。この環境設定は教師・保育士が主導して行わなければならない。

　一方、子どもが自己決定できそうな内容なのに、教師・保育士ができないと判断してしまうことも少なくない。

　鯉のぼりを描くとき、大きな紙に教師・保育士が鯉の形を描いてから、鱗の形に切った紙を子どもに渡して色を塗らせていた実践がある。塗った鱗を貼る場所も指図されていた。大きな鯉のぼりが完成したので、企画した教師・保育士は大満足にちがいない。

　鯉のぼりを描く活動における子どもの自己決定場面は、鱗に塗る色を選んだことと塗ることのみである。なぜ、鯉や鯉のぼりに対する子どもの思いを引き出して、鯉を子どもに描かせなかったのか。なぜ、鱗の形を自由に描かせなかったのか。なぜ、鱗を自由に貼らせなかったのか。これらに大いなる疑問が残った。この活動では、子どもが主体的に自己決定できたはずの「鯉を描く」「鱗を描く」「鱗を貼る」などの活動を、教師・保育士が奪ったことになる。かつ、子どもの自己決定場面を奪ったことも問題だが、教師・保育士がそのことを気づいていないことがもっと問題である。

　子どもの活動では、自己決定が豊富に含まれる活動をさまざまに準備しなければならない。その環境は大人が整えて提供しなければならない。そのために、教師が主として行う内容と、子どもが主体的に行う内容を事前に吟味しなければならない。

　また、子どもは活動に夢中になると、いろいろやってみたくなる。どんどん活動が広がっていく。教師が用意した材料が足りなくなったり、教師が予定した活動時間で終わらないことも珍しくない。

　教師の活動であれば、教師が用意した材料で、教師が考えたやり方で、教師が設定した時間内に終わればよい。しかし、活動は教師が考えて用意するにしても、教師のためではなく子どものためである。ならば、子どもの活動に合わせなければならない。材料は余分に用意しておけばよいし、時間も

延長すればよいだけである。

　家庭でも、保育園・幼稚園・学校などでも、子どものスケジュールを大人が設定する。スケジュールの設定は必要である。そのスケジュールを弾力的に運用すればよいだけである。保育園・幼稚園・学校などの組織では、子どもの都合に合わせて日課表を運用することよりも、残念ながら、教師・保育士の都合を優先して日課表どおりに運用することが多い。

（8）　目標の正体を知る[9)]

　ここでの目標は、広義には教師が立てる「教育上の全ての目標」、狭義には授業に関わる「題材・単元全体の目標」「本時の目標」「個人目標」などを指す。教師が子どもに立てさせる「めあて」も同類である。

　教育では、さまざまな目標が設定される。目標を決め、目標達成のための具体的手だてを考えて活動することになる。目標を設定したり、それも高い目標を設定することに異論がある人は極めて少ないと思われる。目標を持つことを、否定しているのではない。あこがれを抱くこともあるし、「○○のようになりたい」「○○をしたい」「○○ができるようになりたい」などを願うことは大いにあることである。希望や願いを持つことは、悪いことではない。しかし、目標の設定や目標の評価には危惧される面もある。

　目標は子どもの生命におかまいなしに、目標達成のために無理し、子どもの生命と敵対するリスクがあるからである。

　目標には、「こうありたい」「こうでなければならない」「○○ができるようになる」など、求める姿（理想）が謳われることになる。希望を持つことはかまわない。しかし、実行にはさまざまな問題が生じかねない。

1）　学びは「学習」ではない

　「学習」は字のとおり、子どもが教師から「学び習う」意味である。学びは、習い事ではない。かつての教育は手本があって習うものだったが、子ども主体の学びは子ども自ら学んで修めるものである。

　大学設置基準では大学での学びを、「学び修める」意味の「学修」として

いる。しかし、子どもの場合は「習う」こともあるので「習い学ぶ」意味での「学習」の要素もあるが、本質的には「学修」である。「学習」は、「学習指導要領」「学習指導案」のようによく使われる用語である。しかし、学びに年齢は関係ないので、「学修」が望ましい。

　同様に、学びや知識は習って獲得する「習得」ではなく、自ら修める「修得」でなければならない。

　「授業」もよく使われる言葉だが、「授業」だと「授ける業や仕事」の意味になるので望ましくない。本来の「授業」は子どもの主体的な学びを育む場（時間）であって、教師から授かる場（時間）ではない。よって、「授業」ではなく、「主学」「学育」「学業」などの用語を考える必要がある。

　学びに関わる「教育」は子どもが主体的に学ぶものなので、「教えて育てる」意味の「教育」よりも、「学びを創る」意味の「学創」、「学びを育む」意味の「学育」などの用語が望ましい。「education」は「教育」と訳されるが、本来の意味は「才能・個性・可能性を引き出す（導き出す）」ことなので、「教育」の訳語は望ましくない。学びは教師と子どもが共同で創るものである。「何をどう教えるか」と「何をどう学ぶか」は一体である。しかし、「教育」だと「教師が子どもに教えて育てる」意味になるので、教師が主になる。教師が考える望ましい姿になるように、教えることが強調され、教師の精神が子どもの生命に枠をはめることになる。学校は何よりも子どもの才能や個性が発揮され、子どもの生命が輝き、子どもが主体的に学びを育む場所でなければならない

２）学びは「識」ではない

　「知識」は、「知」と「識」からなる。「知」には、「感覚を動員しながら物事の本質を見通し、矢で射るようにずばり当てる。」意味がある。簡単に言えば、「本質を見通す」ことである。現実をありのままに受容して観得しなければ、物事の本質を見通すことはできない。

　「識」には、「物事を目印（特徴）で見分けて区別・識別し、その名称を知る。」意味がある。つまり、「識」とは区別・識別することによって「意識さ

れたもの」「概念的に知っている」ことであり、「概念の塊」である。なぜなら、名称は物事の特徴が概念的に把握されたものだからである。「区別・識別」は、精神の働きによってもたらされる。

　識には、意識された概念の範囲でしか把捉できないもろさがある。識では、子どもの内面を理解することが難しい。内面を理解できたとしても、教師の識の範囲にとどまる。教師は先入観で子どもを見ていないと思っていても、教師の識そのものが先入観の正体である。教師の識が、子どもの世界との対話を制限するリスクがあることを自覚しなければならない。概念に基づく理論・理屈をいくらこね回しても、真実は見えてこない。「ひらめき」に、ヒントが隠されていることも少なくない。「ひらめき」は識を超えて、人間の生命全体からもたらされる。

　このように、本来、「知」と「識」の意味は異なるが、「知識」のイメージは「識」が強く、「知」が疎んじられているのは否めない。識そのものを否定しているのではない。本来の「識」は、「本質を見通す」意味の「知」からかけ離れた「識」ではなく、「知」とタッグを組む「識」でなければならない。

　よって、漢字を覚えたり、歴史的事柄の西暦を覚えたりするなどの、「○○が分かる」のような「識」に関わる目標は再考を要する。なぜなら、漢字や年代を覚えるのは学びとは言えない。単に、覚えたにすぎないからである。

3)　「知識・技能の習得」では人格が形成されない

　学習指導要領では、新しい時代に必要な「資質・能力」として、「①生きて働く知識・技能の習得」「②思考力・判断力・表現力等の育成」「③学びに向かう力、人間性などの涵養」の３つ挙げている。

　学習指導要領では、従来から「知識の習得」が重視されている。高校や大学の入学試験やセンター試験でも、もっぱら「知識（それも識）」が問われているのは周知の事実である。入学試験に受かるために、学校は「詰め込み教育」の場と化し、子どもは「識」の蓄積に励まなければならない。

　知識・技能は生きていくうえで必要なので、修得しなければならない。知識・技能は子どもが教師から習って覚えるものではなく、教師から教えられたり習ったりすることがあっても自分のものとして主体的に修めていくべきものなので、「習得」ではなく「修得」でなければならない。よって、知識・技能の修得は、子どもが習って覚える教授法ではなく、子どもが主体的に学んで修得する教授法でなければならない。学習指導要領が、「習得」としている理由が分からない。

　教育の主たる目的は、教育基本法第1条に「教育は、人格の完成を目指し、…」とあるように、「人格の完成」になっている。それなのに、現状の入学試験やセンター試験は、受験生の人格がどれだけ完成しているかを確認する試験とはほど遠い。

　知識・技能は、認知能力である。「人格の形成」は非認知能力によるところが大きい。非認知能力（28-30頁）には、主体性・意欲（目標への情熱／努力）・好奇心・自信・楽観性・自尊心・自己肯定感・忍耐力・自己抑制・情緒の安定・集中力・持続力・表現力・コミュニケーション力・想像力・創造力・社会性（ルール遵守／相手に対する敬意／思いやり／寛容性／チーム・ワーク／協調性）・丁寧さ・まじめさ・誠実性・責任感・畏敬心・感受性・観得力などがある。

　「思いやり」を考えても、「思いやり」が大切であることを理屈として教えても意味がない。「思いやり」が大切であることは正論なので、否定しようがない。しかし、子どもが相手から理不尽なことをされたとき、強い相手だとがまんするかもしれない。その場で反撃するかもしれない。後で、仕返しするかもしれない。仕返ししたことによって、理不尽なことがエスカレートするかもしれない。理不尽なことをされると、嫌な感情を持つのは正常であり、健康な証拠である。よって、知識として「思いやり」の大切さを教えられても、子どもにとっては意味がない。「思いやり」一つとっても、その本質を学ぶことは簡単ではない。

　学習指導要領の3つの「資質・能力」は、「①生きて働く知識・技能の習

得」が認知能力、「②思考力・判断力・表現力等の育成」と「③学びに向かう力、人間性などの涵養」が非認知能力に該当する。「思考観」は、第2章（116-130頁）で言及したとおりである。

　文部科学省は、教育の主たる目的である「人格の完成」を目指すうえで必要な非認知能力の内容を整理する必要がある。教育が本気で「人格の完成」を目指すなら、知識（それも識）の体系や技能を教えて学ばせてきた従来の教育から決別しなければならない。従来の教育から決別するためには、非認知能力の育成に焦点を当てた、全く新しい教育を創っていかなければならない。従来の教育を受け、従来の教育に浸かってきた教師にとって、それは極めて困難な道となることを覚悟しなければならない。

　以上から、「知識・技能の習得」などの認知能力を目標に設定することには無理がある。教育の主たる目的は人格の完成なので、人格の形成に関連する非認知能力に関わる目標が必要である。

4）　そもそも目標は必須か

　学習指導案には必ず「目標」が書かれているが、必須なのだろうか。教育の目標は、「学びの創造」である。学びを創造するためには、教育内容と支援が大きな鍵を握る。ならば、各題材・単元では子どもに学びを創造するための徹底的な教材研究に基づく教材解釈と、支援方針及び具体的な支援を明らかにすることが、形ばかりの目標を書くよりもはるかに重要ではないのか。無論、第2章で言及した「授業に臨む姿勢」「人間観」「教育観」「思考観」に関わる教師の考えも整理して示さなければならない。

　筆者は決められた書式に基づいて、いくつもの学習指導案に目標を書いてきた。例えば、「土粘土」の授業では、本時の目標に「力を込めて、思い切り粘土を操作することができる。」「自分なりのイメージを持つことができる」と二つ書いたが、実際の授業で子どもが目を輝かせながら活動しているのに触れると、本時の目標は取って付けた感があった。

5）　目標には「捨我」と「執我」の二つのタイプがある

　目標を掲げる場合は、捨我に関わる目標と、執我に関わる目標が考えら

れる。表6（96頁）などから、精神が生命を支配する執我に関わる目標は「活動欲・行動欲」「成果渇望・獲得欲」「取得欲・知識欲」「責任感・義務感」「好奇心」などの内容が考えられる。また、精神が生命に従属する捨我に関わる目標は「真理渇望・情熱・認識に関わるもの」「観得・形成（造形）に関わるもの」「愛・誠実・忠実・敬意・信頼・情熱などの非認知能力に関わるもの」などが考えられる。

　執我に関わる目標はそれを達成しようとする意志が優先し、子どもという生命を支配して学びを歪める恐れがある。精神に対して子どもの生命を支配するのはダメだと働きかけても執我は簡単に止まるほどやわではない。執我が宿る精神に、精神が発する理屈でいくら言い聞かせても、大した効果は期待できない。それよりも、目標を掲げる場合は捨我に関わる具体的な目標を考えなければならない。そして、心情を豊かに育むことに傾注すべきである。

　人格の形成に、知識や成績はいっさい関係ない。我々が求める人格は、精神と生命が調和する捨我によって形成される。捨我も豊かな心情でこそ発揮される。

6）「結果」よりも「過程」が重要である

　目標は「○○ができる」「○○が分かる」などのように、結果としての到達点を書くことが多い。「○○ができる」「○○が分かる」は、その授業における結果としての到達点である。教師は到達点を強く意識するので、早く効率よく到達しようとする意識が働くのは否めない。その結果、子どもの学びの広がりが無視されたり、試行錯誤という重要な過程が軽んじられることになる。結果は、あくまでも結果である。学習過程において、学びの創造を徹底的に追求しなければならない。目標を掲げる場合は、学びの過程に焦点を当てたものが求められる。

　子どもの学びが教師の予想の範囲内の授業は、可もなく不可もない授業である。しかし、授業では教師の予想を超える学びを目指さなければならない。教師の予想を超える学びが展開されると、教師が想定した目標は何の意

味もなくなる。

　学習指導案に記載される目標の内容は、概念的な結果としての到達点よりも、集中し、わくわくしながら、試行しながら取り組む心情を表すもの、心情を育むものが望ましい。学習指導案に目標を書く場合は、意識することが可能で、かつその一面を表すにすぎない概念的な結果としての到達点ではなく、多様な心情及び心情を育む過程に焦点を当てたものにすることによって子どもの学びが見直され、学びの質の高まりが期待できる。概念は、対象化した範囲でしか捉えることができない宿命があることを自覚しなければならない。

7）「目標」と「目的」は違う

　学習指導案の目標が結果（到達点）を表すなら、目標ではなく、むしろ目的といえる。ちなみに、目的は「最終的に目指す事柄・到達点」、目標は「目的を達成するための具体的な指標・目当て・手段」とされる。企業を例にすれば、目的が「日本一」、目標が「国内のシェア40％」などとなる。「日本一」も「国内のシェア40％」も目指すことなので、目標と目的を混同しやすい。

　筆者も定められた様式に添って学習指導案を書いたが、様式に「目的」はなかった。本来であれば、教育の目的・目標を再確認して、題材・単元の目的と目標の両方を書くべきである。目的には「目指す学びの姿」を、目標には「目指す学びの姿を実現するための具体的な『めあて』」を書くのである。例えば、土粘土遊びの場合は目的を「粘土遊びを楽しむ」旨とし、目標には「子どもが夢中になって楽しむため具体的な姿」を書くのである。

　結果（到達点）である目的を目標に記入している学習指導案が、少なからず散見される。目的・目標には、子どもの主体的な学びの姿を書かなければならない。そして、子どもに主体的な学びを育む過程こそ最重要である。

　いずれにしても、結果としての到達点に偏った現状の目標の見直しが必要である。目的の導入の検討、目的及び目標の在り方が問われる。なぜなら、子どもの主体性及び学びの質に直結するからである。

8）「目標」に関わることを優先しがちである。

　授業で目標を設定すると、目標の達成が至上命令になりがちである。学びの本質に関わる目標ならよいが、「○○ができる」「○○が分かる」などの結果としての到達点を目標に据えると、教師がその到達点を目指すのは当然である。

　しかし、子どもの活動にはさまざまな要素がある。教師が考える方法で目標に向かう子ども、教師が考える方法とは違う方法で目標に向かう子ども、教師が考えた目標とは異なる目標に向かう子どもなど多様である。教師から見るとエラーでも、学びから見るとエラーではなく必然かもしれない。自然科学の世界でも、エラーから発見につながったと話すノーベル賞受賞者は珍しくない。

　「○○ができる」「○○が分かる」などの目標は、一定のことを概念的に表す宿命がある。教師が子どもを見るとき、目標に定めた一面だけで見てはいけない。目標以外にも目を向けなければならない。目標は、お題目でもなければ看板でもない。子どもが主体的に学びを深めることこそ求める姿であり、目標である。

　よって、目標は子どもが学びを深めるための指針でなければならない。それも、子どもを一定の概念で捉えるのではなく、現実をありのままに捉える視点を持たなければならない。

　授業の目的は教師が一方的に決めた目標を達成することではなく、子どもに学びを最大限に創造することである。子どもの学びの本質に関わる目標は必要であるが、それを決めることは簡単ではない。学習指導案に記載されている目標には、学習指導案を作成した教師の授業力が反映される。学習指導案に記載されている目標は、再点検が必要である。

9）　高い目標には弊害がある。

　意志を強めれば強めるほど、子どもの生命を脅かすことになる。意志は、「○○しなければならない」「○○する」とする心である。意志は、「テストで何点とる」「志望校への合格を目指して、1日何時間勉強する。」「い

つまでに〇〇する」「〇〇大会で優勝する」のような目標になる。これらの
目標を達成するために、生命としての人間は眠りたいのに無視して夜遅くま
で勉強したり、無理して体に負荷をかけたりする。

　欲張って目標を「1日5時間勉強する」と高く設定すると、達成すること
が困難になる。目標を立てても、体が疲れていると頓挫する。人間の意志が
がんばろうとして、生命にむち打って強行すると体がダウンする。強行が続
くと、生命に不調をきたす。当然の反応である。目標を優先させるのではな
く、生命と対話しながら行動しなければならない。豊かに生きることと、向
上や発展は必ずしも比例しない。向上や発展のために、よい成績（評定）の
ために、無理な目標を立ててはならない。

　また、地位・名誉・金銭などに関わる目標は、時として相手を陥れる。
資源を得たり、領土を広げようとすると、戦争や人殺しさえ厭わなくなる。
「戦争をしない」「人をだまさない」「人を殺さない」「物を盗まない」「交通
ルールを守る」などの目標は、正論である。正論は、正しいに決まってい
る。しかし、現実はなくならない。なくならない理由を考えなければならな
い。エゴイズムが強く、自我が執我の状態になると、リスクのある目標と活
動になる。生命に優しく、自我が捨我の状態にとどまる目標と活動でなけれ
ばならない。

　教師が子どもの目標を高くすると、無理して目標に引き上げかねない。
目標は、無理して達成するものではない。教師が考える授業の到達点は、教
師の考える到達点にすぎない。子どもには、子ども一人一人が考える到達点
があることを理解しなければならない。教師が目標達成の名の下に、子ども
を振り回してはならない。

　希望や願いを持つことは悪いことではない。しかし、子どもの目標はや
やもすると、知識習得などの認知能力、学習成績（点数、順位）、スポー
ツ・芸術の順位、進学先（偏差値）、勉強時間などになりがちである。具体
的な内容は、「〇〇ができる」「〇〇が分かる」「〇〇に合格する」「〇〇番に
なる」「〇〇賞を取る」「〇〇点とる」「〇〇時間勉強する」などのように、

結果として目に見える概念的な到達点になることが多い。また、目標を強く意識すると、目標にとらわれることになる。これらの目標は、成果渇望というエゴイズムそのものである。

　そして、成果を得るために設定した目標を、意志を強くして達成しようとする。しかも、効率よく、早く、簡単に達成しようとする意志が働きがちである。「睡眠時間を削ってまでも長い勉強時間を確保する」「極度の疲労を伴う運動の長い練習時間を確保する」など、自分を追い込んでまで無理な計画を立てることが多い。

　子どもの場合は、目標を達成させるために教師が子どもに指図したり、叱咤激励したり、時には語調を強めたり、叱ったりすることもある。教師が子どもに圧力をかければかけるほど子どもの主体性は損なわれる。その結果、子どもの生命は悲鳴をあげる。生命の危機的状況である。「睡眠時間を削ってまでも長い勉強時間を確保する」「極度の疲労を伴う運動の長い練習時間を確保する」は、我欲であり執我である。

　概念も意志も、精神の執我の働きである。人間には体と心情からなる生命はあるが、精神に生命性はないので、精神は人間の生命と異質である。生命は自然なのでありのままだが、精神は意志によってありのままを壊す働きを持っている。

　執我はエゴイズムと結びついて、生命に無理を強いることが多い。育むべき主体性は生命と協調する主体性である。執我と結びついた目標は、本来育むべき主体性を損なうだけである。執我としての精神の意志から発する目標は、生命を脅かすことを忘れてはならない。

　主体性は子ども自身の生命（体・心情）と対話・共存しながら、子ども自身の感じ方や考えを育むことでもあるので、生命と抗争・敵対する執我では決して主体性が育まれない。目標には、執我と強く結び付いた「無理に到達する」「無理に引き上げる」などのイメージがつきまといがちである。目標は持ってもよいが、生命に無理のないものでなければならない。

　目標を目指す場合は、競ったりするのではなく、自然かつ生命に無理の

ないようにしなければならない。目標は非生命である精神の意志ではなく、生命が発する体・心情に導かれるものでなければならない。

「目的・目標」という言葉には、意志を働かせてそこを目指すイメージがあるので、意志のニュアンスを感じさせない「願い」や「希望」などの言葉がふさわしいのかもしれない。

10) 目に見えないことも重要である

子どもの学習では、「目に見えるもの」はもちろん、「目に見えないもの」も重視しなければならないとされる。これは一見正論のように見える。「目に見えるもの」及び「目に見えないもの」は、視覚的に映っているかどうかではないはずである。

「目に見えるもの」は教師が認識できるもの、「目に見えないもの」は教師が認識できないもの、と考えなければならない。そして、「目に見えるもの」は教師が意識化・概念化・言語化できたもの、「目に見えないもの」は教師が意識化・概念化・言語化できないものともいえる。

「目に見えるもの」は教師が意識化・概念化・言語化できたものとしたが、当然、意識化・概念化・言語化の内容は教師によって異なる。「目に見えないもの」は教師の精神が執我であれば一部しか認識することはできないが、捨我の状態であれば観得によってありのままに認識することが可能になる。以上から、教師の精神の状態によって認識できるものと認識できないものに差異が生じる。

そもそも、「目に見えるもの」と「目に見えないもの」を分けること自体がおかしい。子どもの活動は、教師からの「目に見えるもの」と「目に見えないもの」が一体である。分ける場合は何を基準にするのだろうか。刻々と変化する子どもの生命を、「目に見えるもの」と「目に見えないもの」に分けることはできない。よって、「目に見えるもの」「目に見えないもの」の言い方そのものがよいとは思わない。

教師の目の前で活動している子どもの姿は、教師に見えている。例えば、子どもが顔の絵を描いたとする。描いている体の動きや、描いた形は眼

に見えるので現象として認識することはできる。しかし、子どもがどのような形や色の顔を描いたのかよりも、その時の子どもの内面、つまり眼に見えない心情が重要である。問題は、この時の子どもの内面である心情に教師がどこまで迫ることができるかである。

　では、目の前で展開されている子どもの活動の本質をどのように認識すればよいのだろうか。概念的思考では、子どもの活動・心情の一面しか捉えることができないことは繰り返し言及してきた。概念的思考では、子どもが描いた絵が何歳相当の絵であるとか、筆や色の使い方、教師の基準から見た上手下手などに関心が向くのは否めない。

　よって、教師が「目に見えるもの」と「目に見えないもの」が一体になっている子どもの活動の全体像を、概念的思考で捉えることは不可能である。ジグソー・パズルにたとえると、概念的思考による教師の捉え方は教師の数だけあったとしても、それぞれピースの一片にしかならない。ジグソー・パズルにとってその一片は必要不可欠なものなので、ピース一片に限れば間違いではない。しかし、目に見えるものを意識的・概念的に見ようとする概念的思考では、ジグソー・パズルの全体像をイメージすることができない。

　ではどのようにすれば、全体像に迫ることができるのだろうか。それは、教師の精神が捨我の状態にあって、無意識に教師の内面からわき上がる指示的思考に待たなければならない。ただし、指示的思考によって全体像に肉薄することはできるが、完全に捉えることはできないと考えなければならない。指示的思考は116－130頁で言及したが、一部再掲する。

　「指示的思考の特徴は、現実に対する共感が指し示すままに、ありのままに認識することである。概念的思考のように、多様な現実の全体から一部のみ取り出すことはない。概念によって、可視化したり、説明したり、測定するようなことはしない。目に見えないもの、説明できないもの、測定できないもの、規定できないものも含めて、感覚を動員しながらありのままに感応・感知（観得）して認識するのが指示的思考である。」

　子どもが書いたり、描いたり、話したり、つくったりするものは心情が形成されたものなので、認識することができる。概念的思考は、子どもの心情が形成されたものを教師が「目に見えるもの」「意識できるもの」だけで認識してしまうリスクがある。概念的思考は、心情の機能である「観得―形成」から、「形成」の一面だけを取り出すことになるからである。

　教師が子どもの活動・心情の全体像に迫るためには、子ども自身の形成のもとになっている意識化・概念化できない心情の受容面である観得も欠かせない。教師は刻々と変化する子どもの生過程に対して、観得と形成が一体になっている子どもの心情に対する教師の共感が、ありのままに指し示すままに認識する指示的思考によってしか、子どもの活動・心情の意に肉薄することができない。

　教師に突きつけられているのは、教師の思考観である。概念的思考に蝕まれている現状の教育では、子どもの学びの全体像に迫ることに懐疑的である。

　学びそのものは生過程である。生過程と概念化は異質なものである。学びは意識化・概念化・対象化できるものも大事だが、それ以上に意識化・概念化・対象化できないもののほうが重要ではないのか。概念では、生過程の一部よりも捉えることができない。そのためには概念的思考を克服し、子どもの学びとその過程の意に教師の認識を開く指示的思考でなければならない。

4　畏敬心（いけい）・敬虔心（けいけん）を育む [10]

　自然破壊の元凶は、人間の「獲得欲・我欲」という「執我（エゴイズム）」である。ここには、人間が地球に生かされているという発想もなければ、地球上の動植物・無生物が対等で共存しているという発想もない。人間が他を支配・略奪するというおごりがある。おごりには、畏敬心（おそれうやまう心）や敬虔心（うやまいつつしむ心）のかけらもない。

　地球上の人間・動植物・無生物が対等で共存するためには、人間はもちろん、人間以外の全てのものに対して畏敬心・敬虔心を持たなければならない。畏敬心・敬虔心は、人間どうしはもちろん、動植物・無生物、自然・風土を結ぶためにも欠かせない。

　「おそれる・うやまう・つつしむ」を表す畏敬心・敬虔心は、エゴイズムと同居できない。なぜなら、エゴイズムには「おそれる・うやまう・つつしむ」がないからである。エゴイズムは油断すればすぐに台頭するが、畏敬心・敬虔心は自我に対する厳しさを伴う。だからこそ、畏敬心・敬虔心を育むことが重要となる。

　全ての人間が、畏敬心・敬虔心でつながり合う社会を目指さなければならない。畏敬心・敬虔心を育むことが、エゴイズムの克服への道である。では、どのようにすれば畏敬心・敬虔心を育むことができるのだろうかを考えてみたい。

　それは、自然の「怖さ・厳しさ・美しさ・不思議さ・親しみ・懐かしさ」などを、理屈ではなく、ありのままに体験することである。また、「伝統行事・民話・昔話・伝説」などから畏敬心・敬虔心を読み取って育むことも重要である。

（1）　自然から

　自然は、教師である。自然に触れると、実にさまざまなことを感じるし、学ぶことができる。自然はとてつもなく大きな存在で、自然なしに生きることはできない。

　自然に対する畏敬心とは、自然との触れ合いを通して、自然を支配しようとするのではなく、自然を畏れ敬うことである。自然には、地水火風の四大・動植物・日光・月光・潮の干満・岩石・貝殻・日食・月食・オーロラ・雲など、不思議なものにあふれている。畏敬心を育むためには、自然とありのままに触れ合うことが重要である。

　ただし、自然と触れ合うときは、識別や科学的な観察を優先してはなら

ない。自然を概念的に識別したり、科学的に仕掛けや仕組みを明らかにしようとすると、自然の姿・形を捉えることはできない。前提条件なしに、自然に対して自分の生命を開いていかなければならない。

　自然に触れると「美しい光景」や「美しい花」に出会ったり、「セミの羽化」という不思議な現象に出会ったりする。豪雨による河川の氾濫、強風による倒木や家屋の倒壊などの自然災害の怖さや厳しさを思い知らされることもある。鳥が魚を捕まえる場面から、食物連鎖を実感させられることもある。赤いリンゴがたわわに実っているのを見ると太陽や自然の恵みを感じることもある。カニやザリガニを捕まえようとして指をかまれることもある。小さな砂粒くらいの大きさの種から野菜が育つ不思議さ、その野菜が虫に食われたり病気になったりする厳しさもある。野山で動物の死骸を見ると、生きる厳しさを思わずにいられない。

　このような体験は、自然との触れ合いからしか生まれない。部屋の中でばかり過ごしたり、人工的に作られたテーマパークばかりに出かけたりすると決して得られない。そこで、幼少時から自然と触れ合う機会をできるだけ多くすることが重要である。保育園・幼稚園がなかった時代、あっても少なかった頃は地域の野原・川・田んぼなどの自然環境で花や実を採ったり、虫や魚を捕まえたりして遊んでいた。

　残念ながら、保育園・幼稚園・学校の大半は園舎・園地、校舎・校地内での活動が多く、必然的に屋外の自然と触れ合う機会が少ない状況にある。

　デンマークから始まったとされる「森の幼稚園」が自然体験を重視しているのは、そのような背景もあったのではないだろうか。「森の幼稚園」は、日本でも広がりを見せ、2017 年には「NPO 法人森のようちえん全国ネットワーク」が設立されている。

　保育園・幼稚園が NPO 法人会員か認定団体かにかかわらず、子どもが自然と触れる機会を多くしたい。保育園・幼稚園が園児を外で活動させるためには、移動手段を考えなければならない。出かける場所の遠近に関わらず交通安全・ケガ・健康・水分補給などへの配慮もしなければならない。

　子どもは、本質的に外が好きである。しかし、子どもを外で活動させるよりも、園舎内・園地内で活動させるほうが教師・保育士にとっては楽にちがいない。教師・保育士は大変だが、自然体験の意義を考えると、保育園・幼稚園・学校はもちろん、家庭でも自然と触れ合う機会をできるだけ多くしたい。自然との触れ合いは、刻々と変化するさまざまな姿や出会いをもたらしてくれる。触れ合う過程で、自然に対する畏敬心・敬虔心を無意識に育むことができる。

　花の名前を覚える、花の特徴（花弁の数など）を調べる、昆虫採集して標本をつくることよりも、刻々と変化する自然の中で生きている花や昆虫を共感的に観得することのほうがはるかに重要である。

　人間が自然を征服・支配するというエゴイズムから脱却するためには、理屈や概念抜きに、自然の営みの美しさ、不思議さ、厳しさなどに直接触れることが重要である。

　山に登ったとき、草花の生命力に感動したり、刻々と変化する風・雲・霧や急変する天候などで自然の脅威や不思議さを体験すると、草花を根こそぎ取ったり、ブルドーザーで山を崩しっぱなしにしたりはしないはずである。自然と触れ合う体験がないと、自然に対する愛情・畏敬心・敬虔心を実感することができない。自然と触れ合う体験がないと、自然を破壊することへの罪悪感は芽生えない。

（2）　伝統行事から

　古くから伝わる伝統行事（まつり・神事など）には、「豊作祈願・感謝、悪霊・邪気払い、安産祈願、鎮魂、供養」などに関わるものが多い。伝統行事は季節のリズムと一体になっているものが多い。人間は宇宙的生命であることを忘れがちであるが、伝統行事を通して、季節のリズムなどを体験することは大事なことである。そして、伝統行事には人間の力が及ばない自然に対する畏敬がある。

　伝統行事には、人間と自然の関わりの歴史や、人間の力が及ばない世界

との付き合い方が反映されている。祈りでもある。ここには、人間の力で自然をコントロールしたり、略奪したりする思想は皆無である。伝統行事は、理屈では説明できないし、科学的にも説明できない。危険を伴う行事さえある。危険のリスクがあるならその行事を止めてもよさそうだが、行事が続いている必然がある。

　伝統行事には地域の行事もあるが、「正月に関わる飾りや料理」「盆の迎え火」「五穀豊穣を祈願したり感謝したりする供えや祈り」などの家で営まれる行事もある。

　担い手不足などから、衰退している伝統行事もあるようである。また、核家族化が進んでいる現代は、残念ながら、家で代々引き継がれてきた季節の行事なども行われなくなってきている。そこで、地域の伝統行事に参加したり、見学することも大切である。家で伝統的に行われてきた行事も意味があるので、復活・継続に努めたい。

（3）　民話・昔話・伝説・伝承・風習から

　「民話・昔話・伝説・伝承・風習」には過去が息づいている。「民話・昔話・伝説・伝承・風習」には、過去の面影、人間の心情、宇宙のリズムが宿っている。「民話・昔話・伝説・伝承・風習」によって、当時の人間の心情や森羅万象及び宇宙のリズムと生命的なつながりを持つことができる。そこから、宇宙的生命として啓発されることが期待できる。

　「民話・昔話・伝説・伝承・風習」は樹木崇拝などのように、人間と自然の関わりをテーマにしているものが多いので、自然に対する畏敬心を育むことができる。「民話・昔話・伝説・伝承・風習」は、口承で引き継がれたり（言い伝え）、書物や行事として引き継がれているものもある。玩具になっているものもある。さらに、古くから伝えられている民族楽器は太古の唄を奏で、太古の世界に誘う。

　「民話・昔話・伝説・伝承・風習」に関わる書物は古文書もあるが、一般の図書・絵本・紙芝居などになっているものも多い。「民話・昔話・伝説・

伝承・風習」は古くから伝わるものだが、現代の絵本類にも自然に対する畏敬心がテーマになっているものも少なくない。

そこで、子どもには絵本などの図書や紙芝居などに触れる機会を多くしたい。この場合、大人からの説明はあまりすべきではない。子どもなりの受け止め方でよい。

5　集中することの重要性

教師の話に集中し、指図・指示された活動に元気に取り組んでいる授業を参観して、違和感を感じたことがある。教師の話を騒ぐことなく静かに聞いていたし、子どもの発言も活発で、活動に集中していたのにである。違和感を感じたのは、子どもが教師の指図・指示をよく聞いて、教師の指図・指示どおりに活動した授業だったからである。子どもが真剣に悩んだり、工夫したり、試行錯誤する場面はなかった。

学びが深まると、子どもはどうすればよいか悩んだり、考えたりするので必然的に集中する。指図・指示された活動に元気に取り組んでいる授業は、活発に取り組んでいるように見えても、学びに集中して取り組んでいるとはいえない。

教師が子どもの学びに関係なく、子どもを授業に集中させようとするのは本末転倒である。子どもがうるさいときに教師が注意すると静かになるが、静かになったからといって、学びに集中しているわけではない。集中は、子どもが主体的に深い学びにわけいっていくときに必然的に起こるものである。

教師から一方的に知識・技能を教えられる授業では、単なる知識・技能として覚えることはできるかもしれないが、学びは形成されない。学びに起因する、集中力も生まれない。集中力は、吟味された学習内容のもと、適切な最小限の支援による子どもの主体的な活動によって培われる。

6　言語を育む [11]

　人間は宇宙の森羅万象に無心に呼応し、観得したものを形成する。言葉にも、森羅万象の意が反映される。言霊（ことだま）である。形成の基礎が言葉（母国語）と手仕事とされる。言葉も心情の受容面としての観得が、実施面として形成されたものである。

　言葉は、心情と密接に関連している。言葉は思考から生まれたのではなく、森羅万象の体験過程から生まれたとされる。原初の言葉は指さしとともに発する呼称音（オノマトペ）とされ、伝達の役割を担う文字は後から生まれたとされる。象徴は形象の意を反映しているので、森羅万象の意と双極になっている。言葉は、森羅万象の体験過程から心情を育むうえで大きな役割を担うことになる。

　言葉には、「話し言葉」と「書き言葉」がある。「話し言葉」は聴覚、「書き言葉」は視覚が主に関わる。また、「話し言葉」も「書き言葉」も表出・形成されたものなので認識することができる。

　言葉を発するときは発声器官の「体」、言葉の概念は「精神」、言葉の意は「心情」が関係している。よって、言葉は人間の「体」「精神」「心情」の全てが関わることになるので、「体」「精神」「心情」をつなぐ役割を担っている。精神の働きであるエゴイズムの独走を防ぐためには、言葉によって「体」「精神」「心情」をつなぐことは意義がある。

　概念的に「死」を表す言葉はさまざまあるが、それぞれの言葉の意味には相違があることを千谷七郎は次のように述べている [12]。

　　一例だけを挙げて、言葉の意味と概念との相違を示す。次に列挙する言葉はいずれも概念的には死を表すが、意味にはなんと相違のあることか！　逝去、死去、物故（ぶっこ）、他界する、世を去る、落命（戦場で）、帰土、帰泉、横死、非業の最期、絶命、斃死（へいし）、くたばる、往生する、お陀仏になる、悶死（もんし）、犬死、永眠、成仏、憤死、涅槃、崩去、薨去（こうきょ）、亡くなる、没する、死没、冥土に行く、

遷化、等々。

　このように、死を表す漢字はさまざまあるが、それぞれの意味は異なる。「死」のこのような言葉の多さは、言葉の豊かさを示している。言葉の豊かさは、心情の豊かさである。ここに挙げられた言葉がいっさいなく、全て「死」でしか表すことができないことを想像してみたらどうだろうか。言葉を育むことは、言葉の豊かさ、観得と形成の多様性を学ぶことでもある。

　概念として現実から分離された言葉（概念語）を学ぶのではなく、生きた言葉として、現実に使われる言葉の意をありのままに認識することが求められる。概念としての言葉は一定のことしか表すことができないが、同じ言葉を使っても、発する人、受け取る人によってその意味はさまざまとなり、かつ変移する。同じ言葉を使っても、背景はさまざまであり、言葉の幅も生まれる。

　例えば「寒い」を考えてみたい。寒さの基準は人それぞれであり、寒さに対する感情も異なる。北国の人と南国の人でも異なる。同じ北国に住んでいる人でも、同じ南国に住んでいる人でも異なる。まして、同じ北国でも、東北・北海道・ロシア・北極圏では異なる。よって、寒さに対する自分の感覚・認識にとらわれてはならない。「寒い」を考える場合、一般化されている概念としての「寒い」ではなく、多様な寒さの象徴としての「寒い」と考えなければならない。

　議論する場合も、議論は言葉中心に行われるが概念としての言葉による議論には限界があるとの前提に立たなければならない。授業研究会での議論も、概念としての言葉に説得力を持つ考えが支配する危険がある。議論で交わされる言葉そのものは、一定のことしか表していないことを自覚しなければならない。言葉の背後にある意味を考えなければならない。同時に、同じ言葉でも聞く人によって解釈がさまざまであることも理解しなければならない。言葉は、非言語である話し手の「表情・声の抑揚・身振り・視線や価値観」などと一体である。これらを総合して、言葉を受け取らなければならな

い。

　言葉は概念として独立して存在するものではないので、心情の受容面である観得が不可欠である。つまり、言葉は心情の観得と形成が一体のものなので、心情を豊かにするのに欠かせない。

　言葉は文字として取り出すことも、音声を再現することもできるが、表出・形成された言葉にのみ焦点を当てるのはよくない。例えば、ひたすら漢字を覚えたり、読み方だけを覚えるのはよくない。漢字や読み方は、概念である。概念だけを取り出すのは、言葉の生命である心情の観得力を切り離してしまう。言葉を育むことは、心情の観得力と形成力の両方を連関させて育むことである。

　また、子どもが発する言葉に共感することも大事である。共感することによって、言語活動が活発になることが期待できる。この際、教師の基準でいちいち修正してはいけない。教師と子どもの共感的なやりとりが大切である。さらに、子どもは言葉の意味が分からなくてかまわない。言葉の響きを大切にするとともに、感じたことを言葉の響きに置き換えることを重視しなければならない。発した言葉をいちいち修正してはならない。子どもが、古典を扱ったテレビに夢中になることがある。意味を理解しているはずがない。それでかまわない。

　教師自身が日頃から心情の観得力と形成力を育むことも重要である。教師が表出する言葉が、無意識に子どもに影響するからである。

　自然などの形象の体験による言語活動も大事だが、絵本・絵日記・紙芝居・文学作品などの言葉も重要である。これらの言葉は森羅万象の意を反映しているので、森羅万象の意を通して、生を実感することができる。さらに、言葉の美しさや豊かさを学ぶことも重要である。発表も大事にしたい。

　また、絵本・絵日記・紙芝居には言葉だけでなく、絵も添えられている。絵は、言葉で伝えきれないものを伝えることができる。絵が言葉を補足して、理解を助けることが期待できる。さらに、「言葉遊び」もある。「言葉遊び」によって、音を楽しむこともできる。「言葉遊び」は、言葉の不思議

な世界に導いてくれる。

　言葉そのものは抽象化された概念だが、心情と結合することによって、体験では感知できなかったことを感知できることもあるし、言葉にすることによって心情が観得したものを認識することもできる。認識によって、更なる言語活動に発展していくことが期待できる。

7　手仕事を育む [13)]

　手仕事は言葉どおり、手を使う。正確には、手だけではなく、目や耳なども使う。簡単にいえば、体を使う。しかし、体だけでは、手仕事はできない。体だけでできるなら、動物も手仕事ができることになる。動物ができないことは、誰でも知っている。

　手仕事は、物づくりが主となる。具体的な物づくりには、「工作・木工・模型・手芸（織物、縫製、染色など）・竹細工・版画・彫刻・陶芸」などさまざまある。

　では、なぜ動物は手仕事ができないのだろうか。それは人間にだけ精神があるからである。精神があることによって、心情が目覚めて観得や形成性能を得ることができ、認識することも可能になったとされる。手を動かすのは、直接的には体の感覚・運動の働きだが、体の感覚と運動によって手仕事に向かわせるのは心情の働きである。このように、手仕事は体と心情からなる生命が一体になっている。

　手仕事なら、どのようなものでもよいのではない。うまくつくろうとしたり、見栄えを気にしたり、売れるかを気にしたり、効率を追求したり、他人と競ったりするのはよくない。このように傍目などを気にするのは、心情の育成を妨げるだけである。

　心情を豊かに育むためには自分が観得したものを大事にするとともに、指し示すままに仕上げていくことが重要である。夢中になって手仕事に取り組むことによって、最後まで仕上げたい気持ちが自然にわき上がるはずであ

る。

　動物を見ても、鳥がみごとな巣を作るのには驚かされる。人間にも、きちんと仕上げる能力が備わっているはずである。よって、手仕事で重視すべきは出来ぐあいなどではなく、最後まできちんと仕上げる完全性とされる。

　保育園・幼稚園の年長児が、組紐や織物に長期間夢中になって取り組んでいる実践がある。組紐や織物は子どもに合わせているので、専門家がやるような本格的なものでないのは言うまでもない。子どもが時間を見つけては、とりつかれるようにコツコツと取り組んで完成させる。決して難しい内容ではない。やりだしたら、仕上げていくことが楽しくてしかたないのである。完成時の充実感が手に取るように伝わってくる。

　小学校の図画工作・家庭、中学校の美術・技術家庭でも物づくりが行われている。しかし、さまざまなことを体験させる意味もあるためか、多くの題材が盛り込まれている。よって、長時間かけて完成させる題材が盛り込まれることはない。

　学校が、長時間かけて完成させる物づくりに取り組ませていないのは問題である。長時間かけて完成させることに意義を見いだしていないのである。この際、長時間かけて完成させる手仕事を「図画工作・家庭・美術・技術家庭若しくは新規科目」などで導入する必要がある。

　現状の授業科目及び授業内容は、どれも大事なので減らすことはできないとの反論があるかもしれない。しかし、現状の知識、それも識に偏重した教育課程そのものに問題があると思っている。現状の授業科目及び授業内容を一度リセットして、ゼロから考える勇気が問われる。

　手仕事は自分で判断し、最後まできちんとやり遂げることによって心情に響き、成就感を体感することができる。しかし、短時間で簡単に完成してしまう内容では、最後まできちんと仕上げることとはほど遠くなるので、しみじみとした成就感を達成することは難しい。また、他意のある手仕事はどこかに無理があるので、継続することに困難を伴うことが多い。

8　多様な価値観・文化との出会いを育む [14]

　多様性の尊重とは、相手の存在を認めることである。人間社会や地球との共存は多様性を認め、自分の考えを相手に押しつけないことで可能になる。「人種・性別・思想・信条・学歴・地位・障がい・所得」などの違いを認め、排除や差別をしないことである。違いを認めることは、自分の考えに固執しないことである。固執しないことによって、相手を理解することができる。相手を理解することによって、自分の考えを点検することが可能になる。そして、自分の考えを補強したり、修正したりすることによって成長できる。学びは自分自身で気づくこともあるが、自分以外からもたらされることも多い。「他から学ぶ」ことなしに、教育は存在できない。

　一方、違いを認めない背景には、「自分が正しくて相手が間違っている」「自分と異なる考えはおかしいし理解できない」とする考えがある。その結果、自分の考えを押しつけがちである。特に、自分よりも年少の子どもを対象とする教育では、教師が自分の考えを絶対視して押しつけがちである。教師が子どもに対して一方的に「こうあるべきだ」「こうでなければならない」と押しつけることは、子どもの主体性を損ねることになる。人間誰しも、「こうあるべきだ」「こうでなければならない」と考えるのは当然であろう。しかし、それはたくさんある中の一つにすぎないという前提に立たなければならない。会議などでも、いくら説得力があっても正論と決めつけてはならない。その時は正しいと思っても、後に間違いであると判明することも少なくない。また、同じテーマで議論しても、会議の構成メンバーが変わると結論が変わるから怖い。

　一つの考えで子どもを縛るのは、多様性の否定である。自分の考えを押しつけることは、教師のエゴイズムそのものである。

　では、どのようにすれば多様性をあたりまえに認めることに繋がるのだろうか。

（1） 異年齢・異文化と交流する

　現代の保育園・幼稚園・学校は、なぜか生活年齢に基づく同一年齢中心に回っている。地域で遊ぶ場合も、同一年齢が多い。同一年齢が集団でいるのは、生物界では異常である。子どもを同一年齢で囲うのは大人の都合にすぎない。

　人間社会は、さまざまな年齢で構成されている。保育園・幼稚園・学校では年齢・学年を越えた行事もあるが、学習効率を優先するためか、同一年齢によるクラス別活動が圧倒的に多い。家族も核家族化が進んでいるので、何世代も同居している家族は少ない。

　同一年齢から学ぶことも多いが、異年齢から学ぶことも多いはずである。異年齢と交流することによって、そこからさまざまな考えや価値観があることを学ぶ。多様な考えや価値観があることを知ることは、自分の考えを絶対視することを回避することに繋がる。自分の考えの絶対視は執我そのもの、エゴイズムそのものである。自分の考えを絶対視しないことは、エゴイズムの克服に繋がる。

（2） 異論を排除しない

　最近の政治の世界では、異論の排除が問題になっている。異論の排除は多様性を否定することであり、エゴイズムそのものである。異論によって、眼中にない考えに気づかされることも多い。異論によって再考することができるとともに、考えを深めることもできる。異論はとても貴重である。異論を排除しないことは多様性を尊重することであり、自分（自我）にとらわれないことである。つまり、自我・精神が捨我の状態である。自我にとらわれず、相手の立場になって想像するエンパシーに通じる。

　自分と違う考えに出会ったら、「そうだな」と同意できる考えは受け入れればよい。「そうかも」と思う考えに出会ったら、立ち止まって考え直してみればよい。「そんな考えもあるのか」と思ったら、認めて受け入れればよい。「それは同意できない」と思ったら同意せずに保留しておけばよい。自

分と違う考えとの出会いは、プラスにこそなれ、決してマイナスにはならない。異論がなければ、自分にとっても、相手にとっても、社会にとっても不幸である。多様性に異論はつきものである。異論によって知恵が深まる。

　子どもの考えや主張も、子どもだからといって無視したり、排除したりしてはならない。子どもの考えや主張に傾聴することによって、子どもが自分の考えや主張を率直に伝えられる素地を醸成することができる。エゴイズムの克服にも貢献できる。無視したり、排除したりすると、発言してもむだであることを学習するリスクがある。そして、エゴイズムを目覚めさせるリスクがある。

　異論を排除しないためには、自由に討論する機会を多く設けることも必要である。一方的な話や演説は、ややもすると独善的になったり、うぬぼれたり、謙虚さにかけたり、話を盛ったりしがちである。独善・うぬぼれ・不誠実・虚偽なども、エゴイズムそのものである。

　一方、自由な討論は相手の話をきちんと聞くことが求められたり、相手の話を一方的に非難しない節度も求められる。自由な討論は、参加者全員に誠実な態度が求められる。節度・誠実はエゴイズムとは対極の、精神が捨我の状態である。捨我こそ、エゴイズムの克服に不可欠である。

（3）　他の発表に触れる

　他の発表とは、学習発表会、図書、展覧会やコンサートなどの芸術・文化的な発表である。個人の発表であれ、グループの発表であれ、発表は人間の心情の現れ（形成）である。人間は一人一人の観得力や形成力が異なるので、他の発表に触れることによって自分との違いを知ることができる。他の発表に触れると、自分の心情も触発される。心情の触発を通して、心情を育むことが可能になる。

　実利を重視する人は芸術・文化をあまり評価しないが、コロナ禍にあって、芸術・文化が人間にもたらす潤い、芸術・文化が心情及び人間を豊かにすることが再発見されている。芸術・文化なくして、人間は豊かに生きるこ

とができない。

　芸術・文化によって豊かに生きるということは、芸術・文化を生んでいる心情の働きを高め、重視し、享受することである。芸術・文化を通して、心情を育むことがエゴイズムの克服に繋がる。

　よって、子どもの頃からの芸術・文化活動を重視するとともに、他の発表にも積極的に触れたい。

（4）「愛・驚嘆・誠実」を大切にする

　これは、71－73頁で述べた「子どもの心情に寄り添う」の補足でもある。教師が子どもに寄り添うためには、教師に「愛・驚嘆・誠実」が求められる。「愛」は子どもを愛することだが、教師が子どもを愛していると思っていても、子どもはそう受け取っていない場合もある。子どもにとっての教師の愛とは、「子どもが安心してそばにいることができる教師」といえる。過剰な期待も、放任もよくない。子どもに共感しながら、子どもの心情を育むことができる教師であるかが試される。

　驚嘆は、感激・感動でもある。驚嘆や感激・感動は、意識してできるものではない。我欲を捨てて、形象や他者に共感的に開かれなければ得られない。理屈・先入観・固定観念の 鎧 を着ていては得られない。

　誠実はエゴイズムと対極の世界である。誠実さを欠くと、嘘を平気でついたり、ごまかしたり、言い訳したりするエゴイズムとなる。

　クラーゲスは教師の手本性として、「知恵」の他に「誠実・勇気・節度」を挙げている。そして、子どもにも、誠実さを求めなければならないとしている。言い訳したり、隠し立てしたり、体裁をつくったり、告白する勇気の欠如をとがめるべきとしている[15]。

　人間はいつも正しいことをするとは限らない。失敗することも忘れることもある。他人が見ていないとズルすることだってある。大事なことは、望ましくないことをした場合に子どもを責めるのではなく、子ども自身が率直に認めることである。教師も、役人・政治家などもミスしたら率直かつあた

りまえのように認めればよい。子どもの場合も、率直に認めることの大切さ
を日頃から習慣にしたい。率直に認めることは、誠実な対応である。誠実な
対応は捨我そのものである。捨我を育むことによって、エゴイズムの克服が
期待できる。

9　観得を育み、豊かな形成につなげる [16)]

　人間は精神の闖入によって心情が目覚め、心情が観得と形成の性能を持
つようになったことは既述のとおりである。心情を育むためには、観得を豊
かにするとともに、その観得を形成につなげることが重要となる。形成を、
造形や造形性能という場合もある。

　ここでの造形は狭義の美術ではなく、心情が指し示すままに観得したも
のを目に見える形のあるものに表出すること、形になすこと（形成）、形あ
るものに造ること（造形）である。つまり、形成・造形である。形成の分野
には、「言語、音楽、美術、工芸、身体表現」などがある。言葉や身振り手
振りなどのコミュニケーション手段も、形成である。芸術・文化は、まさに
形成である。芸術・文化は森羅万象の意が表出されたものなので、芸術・文
化に触れる人の心情に響いて生命を実感することができる。

　心情（観得・形成）が豊かになって精神と協調すれば、豊かな芸術・文化
が生まれる。ただし、芸術・文化の全てがよいわけではない。よく見せよう
としたり、技巧に走ったりすると精神の執我が強くなるので、捨我とはほど
遠くなる。精神が心情と敵対すれば、芸術・文化は荒廃する。

　では、豊かな心情が生まれるためには、観得をどのようにして形成につ
なげたらよいのだろうか。

　人間は現実に対して、共感が指し示すままに感応・感知（観得）すると、
感応・感知（観得）したものを表出したい気持ちになる。表出することによっ
て、感応・感知（観得）したことを確かめることができる。観得と形成は双
極関係なので、相互の影響が期待できる。形成によって観得が高まり、そし

て形成が更に高まることが期待できる。それだけ、形成は重要である。形成の機会をしっかり確保していかなければならない。また、形成は材料・技術などの形成方法が絡むので、感応・感知（観得）のとおりに形成できることもあれば、それ以下やそれ以上のこともありえる。

　形成が豊かなものになるためには、形成するための方法を考えなければならない。まず、「言語、音楽、美術、工芸、身体表現」などのどの分野にするのかを考えなければならない。次に決めた分野・内容に関わる技術をどのようにするかも考えなければならない。

　図画工作・美術の造形作品も心情の観得を形成したものであり、心情と一体となって行われるものである。心情の観得という生過程は、無意識に行われる。しかし、学校の授業では、事前に簡単な絵や言葉などによる構想を強いられることが多いようである。しかも、作品の完成後には言葉による自己評価が課されることも少なくないようである。構想の具体化も、事後の自己評価も意識化・概念化である。意識化・概念化は生過程の一部よりも反映されないので、意識化・概念化は、作品の生命とは相容れない。

　そもそも、生過程は無意識に行われるものなので、意識することは難しい。意識化・概念化を持ち込まずに、子どもの観得と形成に集中させなければならない。

　素材と取り組んでいる最中に、理屈を越えてひらめき、変容していくのは常である。予想したとおりにつくることが、アートだとは思わない。事前に構想という名の設計図をつくってしまうと、設計図に規制され、とらわれる恐れがある。同じ規格のものを大量に生産する工業製品なら、設計図は必要である。しかし、子どもの造形作品は工業製品ではない。

　ピカソや棟方志功なども、設計図や自己評価を作品ごとにしているとは到底思えない。むしろ、意識や概念を遠ざけて、自分の生命が発する声に耳を傾けていたのではないだろうか。意識や概念を遠ざけた生命性の中にしか、自由な形成はない。

　本来、子どもが自分の生命が発する心情と対話しながら自由に行われる

べき図画工作・美術に、構想（設計図）や自己評価（作品完成後）という意識化・概念化が持ち込まれ、強制されていることは危惧される。しかも、構想（設計図）や自己評価（作品完成後）を子どもに課している教師にその問題意識のないことが更なる悲劇である。

　教師は自分で考えた方法で形成できるが、子どもの場合は簡単ではない。子どもが、何を感応・感知（観得）したかは目に見えない内面の世界である。そのような状況の中で、どのような形成方法を準備すればよいかを教師は考えなければならない。

　幸い、子どもの発達年齢に応じた身体・運動能力の発達がある程度分かってきている。子どもの身体・運動能力の発達に照らすと、どのような素材や道具を扱うことができるかを予測することが可能である。また、さまざまな研究から、効果的な形成方法（題材）も明らかになってきている。大人が有効と判断した材料などを準備するとともに、子どもの反応や興味・関心にも配慮しながら、形成方法（題材）を柔軟に考えなければならない。

　いずれにしても、子どもが形成するための環境をどれだけ大人が提供できるかにかかっている。形成の環境を整える場合に重要なことは、子ども本人が感応・感知（観得）したものをありのままに形成できる環境をできるだけ整えることである。その際、大人の都合や事情を封印し、子どもの都合や事情を優先して、さまざまな豊かな体験が日頃からできるようにしなければならない。せっかく環境を整えても、子どもが感応・感知（観得）したものをゆがめてはならない。大人の支援は必要だが、介入・強制にならないようにしなければならない。

　子ども主体の形成になるためには、「第3章の3（138-182頁）」で言及した「主体性を育む」が欠かせない。

10　知識を過信しない

　「知識」は、本質を見通す意味の「知」と、概念的に識別されたものを意味する「識」からなる。一方、「知の世界」「知の巨人」「専門知」などのように、知識ではなく、知が使われることもある。知の場合は識を省略し、知と識の両方の意味で使われていると思われる。よって、知と識が統合された場合は知識、または識を省略した知でかまわないと思うが、識の意味が強い場合は、知ではなく識とすべきである。一般的に、知識の使い方は識の意味が強いと思われるので、ここでは「知識」を一般的な使われ方である「識」の意味とする。

　知識は概念的なものなので、概念の範囲のものしか表すことができない宿命がある。例えば、水は１つの酸素原子と２つの水素原子からなるので、「水の分子が H_2O である」は正しい。「水の分子が H_2O である」それ自体は正しいかもしれないが、「水の分子が H_2O である」は水の性質の一面を表すにすぎないので、水の性質つまり真実を表すことはできない。しかも、H_2O は現実には存在しない虚構の世界で、生命から離れた概念である。よって、知識は真実ではないので、知識を過信したり、絶対視してはならない。

　生命や自然は、絶えず変化・更新しているので、その一瞬を知識で概念的に切り取っても生命や自然の本質を捉えることは不可能である。かといって、知識で無理なら神秘的なものや得体の知れないものを絶対視することにも問題がある。

　知識の本質は、識別である。識別するためには基準が必要である。識別は、言葉や数値などで示されることが多い。言葉は自分を表現したり、コミュニケーションしたりするのに便利であるが、言葉で示すことは限られるので言葉を絶対視してはならない。

　これまでの性別は、子どもが産まれると体の一部である性器によって男か女かが識別されている。しかし、近年は性同一性障害、性別少数者

（LGBT）がようやく認められてきている。LGBTは、「L（レスビアン　女性同愛者）」「G（ゲイ　男性同愛者）」「B（バイセクシュアル　両性愛者）」「T（トランスジェンダー　産まれたときに割り当てられた性別と自認する性別が一致しない人）」である。これまでの識別は一部の基準で行われ、他の基準を捨てているので、絶対的なものではない。

　教育における目標も、教育の主たる目的である「人格の形成」に関わるものはよいが、知識・順位・点数などに関わるものは生命との対話を無視し、全体から切り取った一面だけを追い求めることになるので、真実から離れていくのは必然である。

　建築の場合も、いつ、誰が造ったか、高さはいくらか、どのような構造になっているかなどは知識にすぎない。それよりも、建築が醸し出す雰囲気に浸ったり、姿・形に見とれることのほうが重要である。

　歴史の場合も、何年にその戦いが起きたか、誰と誰が戦って誰が勝ったのかは、知識にすぎない。それよりも、その戦いの意味を知ることのほうがはるかに重要である。その戦いが起きた原因はなんだったのか、その戦いがその後にどのような影響をもたらしたのか、その戦いにどのような人がどのようにかりだされたのか、戦いにかりだされた人や家族はその後どのような人生を歩んだのかなど、知りたいことはたくさんある。ただし、古い過去のことなので、記録もふじゅうぶんなうえ証人もいない。よって、多様な解釈が成り立つ。それでかまわない。

　歴史を学ぶときは、「大化の改新」が645年に起きたことを覚えさせられる。645年とするのは、年という基準によって、645という数字になるにすぎない。年の基準が変わると645も変わるので、645はなんだったのかという話になる。

　風景の場合も、仕掛けや仕組みの解明に関心を向けるのではなく、姿や形との対話を重視すべきである。花の分類や名前、オシベやメシベなどの形・色・数などは特徴の一部であって、花の生命を表さない。単なる知識にすぎない。いくら知識があっても、ただそれを知っているだけにすぎない。

それよりも、花の心に耳を澄ませることのほうが重要である。

　体験を伴わない知識は、概念的に知っているにすぎない。知識は生命とのつながりがないので、生命に対する愛おしさのかけらもない。体験には直接自然に触れる直接体験、文学・絵画・民話・伝承などの間接体験、疑似体験（バーチャル・リアリティ）がある。疑似体験は近年急速に拡大してきているが、非現実の世界である。

　机上での学習が多い「知識の習得」を優先する教育は、間接体験や疑似体験が支配的である。五感や体性感覚に直接働きかける直接体験がもっと重視されなければならない。残念ながら、教育は知識の習得が支配している。そして、どれだけ識っているかが日々テストされ、高校や大学の入学試験にも決定的な役割を演じる。

　教育が知識偏重になっていることや、それがよくないことは誰でも理解しているのに改善しないのは不思議といえば不思議である。知識の習得に偏重している教育から本気で脱しないと、教育に未来はない。

11　教師の考えを絶対視しない

　絶対視がよくないことは、誰でも思っている。権力を笠に着て、明らかにおかしいことを絶対正しいと考えて指図・命令するのは、典型的な絶対視である。

　人間は、「自分の考えが正しい」「自分の考えは少なくとも間違っているとは思わない」と考えている人がほとんどではないだろうか。「自分の考えが正しい」「自分の考えは少なくとも間違っているとは思わない」は、「他の考えもあると思うが」の条件がついている。よって、「自分の考えが正しい」「自分の考えは少なくとも間違っているとは思わない」と考えることそのものが、意外かもしれないが絶対視である。絶対視は自我によってもたらされるが、簡単には変わらない。簡単には変わらないことが、問題である。教師も例外ではない。

　絶対視は、教師の「教育観・思考観・人間観・基準・知識」などによってもたらされる。よって、教師の「教育観・思考観・人間観・基準・知識」などが変わらなければ、絶対視を克服できない。大事なことは、どの考えが正しいかではなく、積極的に議論したりして本質に迫ることができるかである。

　人間の能力は、さまざまである。同じ作業をしても、自分と異なるやり方によって自分よりも速くかつ正確にできる人からすると、そのやり方が正しいとは言えない。さらに、自分よりも速くかつ正確にできる人でも、もっと速くかつ正確にできる人からすると正解ではない。上には、上がある。知識や教育力も同様である。

　それなのに、人間は自分の能力の範囲でしか捉えたり考えたりすることができない宿命があるので、自分のやり方や考えが正しいと思いがちである。魚だって、網目よりも小さい魚は網からこぼれるし、網よりも大きい巨大な魚は網そのものに入らない。

　人間も、自分の能力の大きさに収まるものしか捉えることができない。人間は、自分が持っている能力の範囲でしか理解できない宿命がある。風呂敷に例えると、自分が持っている風呂敷のサイズに収まるものは包むことができるが、サイズを超えるものは包むことができない。そもそも人間は自分を過大評価する傾向があると言われているので、自分が持っている風呂敷のサイズを実際よりも大きいと誤認する恐れがある。その誤認は、サイズが小さい人ほど大きいとされる。サイズの大きい人は、もっと大きいサイズを持っている人がたくさんいるのではと想像する。つまり、能力が低い人ほど過大評価し、能力がある人ほど過大評価しない傾向があるとされる。

　教師の場合も、授業力のある人ほど自分の授業力がまだまだだと思っているので更なる高みを目指して授業研究に熱心に取り組む。反対に、授業力があまり高くない教師ほど口先では自分の授業に課題があると言っても、本音では自分の授業をよしとしているので、授業研究に身が入らない。

　登山に例えると、1合目・2合目だと樹林帯にいるので、自分がどの辺り

を歩いているのか、頂上はどの辺りなのかが分からない。ある程度登って視界が開けると、そこから見える山の頂を山頂と思って登ってたどり着いても、その先にまだ高い山の頂が見えることがある。小高い山によって山頂が遮られていただけで、まだまだ登らなければならないことを知ることになる。

　中腹くらいまで登ると、下界も、麓も、山頂も見え始めるので、自分の立ち位置や登ってきた過程を知ることができる。それでも、登っていくと次々と小高い山が現れるが、本物の山頂は見えない。簡単には、山頂にたどり着くことができない。ここから、目の前に見える山の頂を山頂と勘違いしないで、ひたすら登らなければならないことを教えられる。教育もゴールがないので、授業力を高めるためにひたすら授業研究しなければならないことは登山と共通している。

　授業力に難があるのに、自分の授業は特記すべき問題がないと考えて子どもに関わるのは問題がある。自分よりも授業力のある教師が授業すれば、同じ題材であっても子どもの学びに大きな差異が出るのは当然である。

　そこで、教師は授業にはさまざまな考えややり方があるとの前提に立って、子どもと関わり、授業に臨まなければならない。それなのに、教師は子どもに対して、自分よりも能力的に劣ると考えがちで、教師自身の考えを絶対視しがちである。口では人間は平等であると言っても、真に対等な関係になるためには教師の全ての言動から、自信を持って対等であると言える関係にならなければならない。これが、案外と難しい。

12　誠実こそ重要である

　政治家・役人・企業経営者・教育委員会などが問題を起こしたとき、自分が正しいなら、正しさを理解してもらえるように誠実に説明すればよいだけである。それなのに、きちんと説明しないのは都合が悪いからである。

　政治家・役人が議会・委員会・記者会見で説明しても、納得できないこ

とが多いのは悲しい。記者会見では質問者や時間を制限するのは、やましいと思っている証拠である。また、政治家や企業経営者などに忖度することは、自分の心情にふたをすることになる。忖度する人の心情はいかばかりか。想像するとつらくなる。

　トップの人間は、部下がトップに遠慮せず、率直かつ自由に意見を言える雰囲気を醸成しなければならない。優れたトップほど、そうである。トップや上司に対して自由に意見を言うことは簡単ではないが、自分の心情に素直に生きることの大切さを考えると、何らかの形で率直に伝える努力を惜しんではならない。相手に忖度したとたんに、自分の人生を相手に売り渡すことになる。

　政治家・役人・企業経営者・教育委員会などが問題を起こしたときの対応は、不誠実きわまりない。人間は、誰でもミスや失敗をする。その時は率直に認めて、改善すればよいだけである。極めて簡単なのに、法律や規程などにそこまで詳細に書かれていない、証拠がない、書類は破棄してない、自分は直接関わっていないなどの嘘をついて認めない。嘘に嘘を塗り重ねるので、不誠実がどんどん大きくなる。

　不誠実な対応が反面教師になればよいが、習い性としてしつこく息づくことがどれだけ人間社会に悪影響を与えていることか。このように、問題を起こした当事者の問題にとどまらず、人間社会に悪影響を与えることを考えなければならない。

　誠実に勝るものはないので、子どもの不誠実な対応はその芽が小さいうちに、教師が見逃さずに対応しなければならない。誠実は、謙虚にも通じる。

13　ハウ・ツーには功罪がある

　どんなに優れた教育方法であっても、具体的な教育内容と支援を考えなければ、机上の空論に終わる。

　具体的な教育内容と支援は、「ハウ・ツー」である。「ハウ・ツー」は、2つ考えられる。1つは、教師が子どもに「教えるためのハウ・ツー」である。その典型が題材集であろう。造形活動を例にとると、教師が子どもに作らせたい作品の具体的な手順を示したものである。手順どおりに子どもに指図・指示して作らせると、教師が想定した作品が完成する。学習指導案集もこのタイプである。もう1つは、子どもが主体性を最大限に発揮して、子どもと教師が共同で「学びを創造するためのハウ・ツー」である。

　世の中、「教えるためのハウ・ツー」本にあふれている。それは、教師の関心が子どもの学びをいかに創るかよりも、子どもにいかに教えるかに教師の意識があるからである。担当する授業をどのように展開すればよいかの構想が希薄なために、安易に「ハウ・ツー」を入手したいのである。ゼロから授業を構想することは難しい。そこで、参考になる図書や他人の実践などを参考にする。他から学ぶことは必要である。しかし、他から学ぶべきは「子どもに何をどのように教えるか」ではなく、「子どもが何をどのように学ぶか」ではないのか。

　残念ながら、題材集や学習指導案集のような「ハウ・ツー」本は多いが、子どもに「学びを創るためのハウ・ツー」本があまりにも少ない。子どもに学びを創るうえで何が重要なのかを論じた教育方法学（教授学）関連の図書も極めて少ない。無論、子どもに学びを創るためには具体的にどのような学習活動を展開すればよいかに関わる教育方法学（教授学）関連の図書にも課題はある。

　授業で何が重要かを論じた教育方法学（教授学）に関わる図書は、教育方法学（教授学）の理論書である。しかし、その理論書とて授業の根幹に深く

切り込んでいるものは極めてまれである。例えば、主体性がいかに重要であるかを論じても、どのような「授業に臨む姿勢、教育観、思考観、人間観」に基づいているかが分からないものが多い。主体性の重要性を否定する教師はいないのに、主体性の重要性に関わる本質的な議論がなかなか進まない。主体性の重要性を論じる教師の「授業に臨む姿勢、教育観、思考観、人間観」によっては、主体性が重要であるとする視点や具体的な教育方法論に差異が出るはずである。具体的な教育方法論の是非に終始すると、理論に切り込むことなく、具体的な教育方法を表面的に確認するだけで終わる恐れがある。

　教師が変わらなければ、子どもは変わることができない。教師が変わることによって、連動して子どもの学びが変わる。教師が変わるということは、教育方法学的な理論や具体的な教育方法を獲得することではない。教育方法学的な理論や具体的な教育方法を獲得する過程で、教育方法を支える教師の「授業に臨む姿勢、教育観、思考観、人間観」が変わることである。

14　教えることは必要である

　教えることを否定してはならない。教えることの否定は、子どもをいきなり荒海に放り出すようなものである。

　人類がこれまでに育んできた文化は、言葉や箸の使い方、挨拶の仕方など多岐にわたる。これらは人類の財産として、子どもに教えて伝承しなければならない。

　例えば、食事は手づかみ、箸、ナイフ・スプーン・フォークなどの方法で行われる。子どもは、生まれながらにしてスプーンや箸を使えるわけではない。そこで、大人がマナーとともに使い方を教えることになる。

　教えても、子どもは大人が考えるように使うのは容易ではない。うむを言わさずに教えても意味がない。まず、子どもがスプーンや箸を使いたいという意欲を引き出すことが重要となる。つまり、大人が子どもに教えたいこ

とを、子どもが学びたいことに転化し、大人と子どもが協力して身に付けるものである。

　言葉で説明したり、やって見せたり、補助や介助したりして教えることになる。その際は、少しでもよい点を褒めたり、励ましたりしながら、子どもが主体的に身に付けるようにしなければならない。

　教える場合は、大人と子どもは能力も、考え方も、個性も異なるという前提に立たなければならない。それに合わせて、教え方も変えなければならない。

　大人が子どもに無理に強制したり、一切を子ども任せにしたりすると身に付けることはできない。子どもがどのように身に付けるかは、大人の対応しだいである。ここでの大人は、教師であり、家族などである。大人の教え方、関わり方が問われる。

　結論として、教えることは必要である。問題は、「何をどう教えるか」である。それは、子どもが「何をどう学ぶか」に直結しているからである。

第 **4** 章

豊かな心情の世界

　この章では、筆者が担当した授業で展開された「豊かな心情」の３事例を紹介するとともに、「豊かな心情」の今日的意義に言及する。

　執我（エゴイズム）に毒された現代にあって、「豊かな心情」を生み出す捨我の世界こそ、人生や社会を豊かにし、生命と精神がみごとに調和し、人類をしてまさに創造の地平に導くのである。

　教育では、子どもの「豊かな心情」を開花させなければならない。「豊かな心情」の開花は何よりも子ども自身が生命を躍動させながら学びを深化させるためであり、同時に未来を担う子どもの人格形成に寄与すると考えるからである。

　「豊かな心情」が突きつけているのは、識の蓄積に励むことを余儀なくされている概念的思考を柱とする教育から、形象をありのままに観得する指示的思考へのコペルニクス的転回が求められる。

　なぜなら、概念的思考は生命と敵対し、生命を支配・拘束する思考なのに対して、指示的思考は生命と結合・融合・協調し、生命が躍動する思考だからである。

1 「豊かな心情」の開花

筆者が担当した、教科「美術」で展開された「豊かな心情」の3事例を紹介する。

（1） 授業の概要
1） 対　象
特別支援学校（知的）中学部

2） 教　科
「美術」。特別支援学校の中には、生活単元学習などで行事（運動会・学芸会など）の絵を描くなどの理由から、美術・図画工作が時間割にない学校もある。確かに、行事の絵は絵画かもしれない。しかし、テーマは教師が決める。造形活動は、絵画だけではない。造形遊び・工作・彫塑・版画などもある。絵画も、行事の絵だけではない。

　美術・図画工作の時間がないということは、自発的かつ主体的で、多様で自由な形成の場がないということである。時間割に美術・図画工作の時間がない学校があるのは信じられない。

3） 題　材
「土粘土」。土粘土にしたのは、紙粘土や油粘土は教師の労力が少なくて済むが、土粘土が可塑性に最も優れ、生徒が思いのままに操作できる「心おどる素材」と考えたからである。回数は、できるだけ多くする。土粘土に慣れて、自由に操作可能になるために、1年間に10回前後とし、毎年継続する。さらに、土粘土を希望する生徒のために、土粘土クラブ活動を開設する。

4） 活動時間
教育課程上は週2コマであるが、1コマ2回だと1回の授業時間が40分と短いので、週1回2コマ続きにする。2コマ続きなので、80分確保でき

る。それでも、活動に夢中になると時間が足りなくなる生徒もいる。そのような生徒に対しては、活動の続きとして、昼休みや放課後の時間を確保する。

5）テーマ

テーマは自由にする。自由なので、結果としての作品は作らなくてもよい。生徒なりのやり方で土粘土と関わることを重視する。ただし、経験的に有効と思われるテーマを制作のヒントとして示すこともある。また、仲間の表現に触発されることもある。

6）活動場所

上腕を自由に動かすことができるようにするために、椅子席を基本にする。机は、大きく安定した木製の机（90cm×180cm）を用意する。一つの机に、4 人掛けを基本にする。座席も自由にする。床で個人または何人かで活動できるようにするために、プラスチック製のプレート（90cm×90cm）を数枚準備する。

7）道具類

道具類は、粘土ベラに限定しない。のべ棒、切り糸、木製ペン（細・太）、木櫛、ろくろ、各種金具、板、木片など、多様に準備する。

8）焼成方法

作品はそのままだとカビたりするので、必ず焼成する。焼成方法は固定せず、作品の雰囲気が生かされる焼成をする（無施釉による薪窯焼成、無施釉による野焼き［もみ殻］など）。作品のよさが生かされない電気窯による「素焼き」のままは、採用しない。

9）授業の方針

ア　解放的な雰囲気づくり

・指図、指示、命令、禁止から生徒を解放する。

・自然な語りかけに心がける。

・失敗を許容し、正確さを求めず、下手や失敗に対する不安や恐怖心を取り除く。

・激励と称賛を忘れない。

イ　生徒の主体的な活動の促進

・生徒の気持ちや体のウォーミング・アップを図るために、土粘土でいきなり作品を作ることを奨励しない。最初は、土粘土を棒や素手などでガンガンたたいて軟らかくすることを奨励する。表現の喜びや充実感にあふれる授業は「活発（ガンガン）→ 静寂・集中（モクモク）→ 歓喜（ヤッター）」のリズムがあるように思われるので、このリズムになるように心がける。

・生徒には言語化を強要せず、言語以外の支援も大切にする。特に、何を作っているをいちいち尋ねない。

・生徒の自由な表現、発展性、試行錯誤、創意工夫を保証する。

・生徒の表現を受容し、理解する。

・生徒の活動の成果を多様に認める場を多く確保し、教室外（学校全体・家庭・社会）への広がりを図る。

・生徒のダイナミックな活動を引き出す。

・生徒が活動する時間をじゅうぶんに確保する。

・生徒に対して、「土粘土」による活動をじゅうぶん保証する。そのために、大量の土粘土を準備するとともに、可能な限り、多くの回数実施する。

・過不足のない支援と評価を、タイミングを逃さずに行う。「土粘土に直接触るのを嫌がる生徒」「上手下手が気になる生徒」「テーマを決めかねている生徒」「気分に左右される生徒」「模倣レベルの生徒」「技術的な援助が必要な生徒」など、これらの生徒に対する効果的な支援をあらかじめ考えておく。

・生徒の表現意欲を喚起し、能動的な表現を保証する。

・集団の教育力に着目する。

・結果よりも過程を重視する。作品づくりを目的にしない。生徒なりの土粘土との関わりを大切にする。結果的に、作品にならなくてもかま

わない。作品を作るか作らないか、数が多いか少ないかは問題にしない。

・生徒を訓練的に指導しない。

・行動修正主義から脱却する。

ウ　造形教育における基本的な姿勢

・教師の豊かな感受性、表現力、判断力及び共感力を高める。

・生徒の存在が最大限に発揮されるようにする。

・教師の都合よりも生徒の都合を優先する。

・一斉授業を克服する。

・教育課程の柔軟な運用を図る。

・長期の展望を持つ。

・教師は生徒の問題を他人事でなく、自分の切実な問題として自覚する。

・授業のあらゆる要素に根拠を持つ。

・教師が自らの授業力に対する不足を自覚し、不断の授業研究に努める。

（2）「土粘土」による心おどる制作の様子（3事例）[1]

「わぁー！」

「せんせ～い、見て！ 見て！」

　背後から、興奮した声がする。和やかな話し声と、土粘土をたたく音が入り混じる教室で、私の耳が鮮明に聞き分けた。

　瞬時に、誰かに伝えずにはいられない、新鮮な発見をしたことを感じた。まるで自分のことのように、私の心をおどらせた。

　ほかの生徒に制作のアドバイスをしている最中だったが、直ちに「は～い、今行くからね。」と伝える。

　すぐに近づき、「どれどれ」と、作品を見ながら「す・ご・い・ね！」と話しかけ、発見の感動を分かち合う。

　円筒形の土粘土の側面を、先がギザギザした粘土ベラでひっかいたときの痕跡が、ケーキの生クリームをイメージさせたようだ。得意満面に「すごいでしょう！」と言いながら、一気に周り全部に痕跡をつける。次に、たたいてつぶれた円筒形の土粘土の上部を糸で切り、切り口を開きながら、「わぁー！」と驚きの声を発する。糸で土粘土が切れることと、その切り口がとても不思議だったようだ。そして、平らになった上部に丸めた土粘土をいっぱいのせて、「ケーキ」が完成する。

　いつも、いろいろな道具を使ってはその痕跡を楽しむ。土粘土を器用にいじり、授業が終わりの時刻になってもやめられないほど土粘土に夢中になる。

「からだごと」

「ドシ〜ン、ドシ〜ン！」

土粘土の大きな塊を両手で頭上高くやっと持ち上げて、机にたたきつける。そのたびに、大きな音を立てながら机が揺れる。

「バッ、バッ、バッ」まるで、ボクシングのように両拳で土粘土を素早くたたく。

「ドン」と、土粘土に肘を思い切り打ち付ける。

「バシッ、バシッ」と、土粘土を棒でたたく。

「グッ」と、土粘土を押す。

「グーグー」と、土粘土をのばす。

「ビューン、ビューン！」と、糸で土粘土をぐるぐる巻きにし、土粘土を切っては合体させる。

何かにとりつかれたように、休む間もなく土粘土と格闘する。しだいに汗ばみ、息づかいも荒くなる。まさに、人間と土粘土が一体となって、人間も土粘土も激しくウォーミング・アップしているようだ。

じゅうぶんに軟らかくなった土粘土を両手でちぎり、棒状にのばす。次々と同じような形を作っては並べ、一気に家の壁を作る。土粘土がなくなるともらいにきては、激しくたたいてから使い始める。壁が出来た家の床に、土粘土で作ったテーブルや椅子をセットする。さらに、あらかじめアドバイスを受けたとおりに、屋根の陥没を防止する柱を土粘土で数本作って内部にセットしてから、平らに大きくのばした土粘土で覆って屋根にする。最後に、粘土ベラで窓を描いて「大きな家」が完成する。

もう、両手や全身というレベルではない。「からだごと」とはこのことか。土粘土と人間が一体になり、気迫が周囲を圧倒する。すっかり、土粘土にとりつかれている。土粘土が大好きなわけだ。廊下で会うと、近づいてきては私の顔をのぞきながら、「粘土やる？」と尋ねてくる。私は「土粘土」そのもの。

「一心同体」

「おっ！」

「いっひっひひひ……」

　四角い塊を上下に二つ重ねた土粘土の塊に細い木の棒を刺し、押しては抜く感触と、その痕跡を楽しむ。

　かきベラで、土粘土の塊に縦横に線を引く。自然に顔が土粘土と離れたり、くっつかんばかりに近づいたりする。顔を近づけたり、遠ざけたりして、その変化を確かめているようだ。

　さらに、切り糸を張り、軽くこすりつけながら土粘土の塊に線をつける。次に、上の土粘土の塊に大きな穴を二つあける。

「"目"だ！」

　鬼のイメージがわいたようだ。土粘土で細い棒状の角を二本作って、土粘土の塊の上にのせる。小さな手を土粘土で作って付ける。そして、かきベラで顔を何度もひっかく。まるで、鬼をやっつけている気分。

　制作している本人の顔を見ると、にらみつけるように目を大きく開き、下顎を突き出し、歯がむき出しだ。鬼をやっつけている表情に、圧倒される。"一心同体"とはこのことか。

　いつも土粘土に働きかける瞬間は集中し、真剣そのもの。土粘土に働きかけた直後は痕跡を味わうように自然と笑顔になる。土粘土をいじり、その反応を楽しんでいる。それでいて、具体的なイメージにきっちりつなげる。

　以上は、発達に遅れのある子どもたちの、"土粘土"の授業の様子である。羨ましくてしょうがない。こんなにも夢中になれて。生き生きし、楽しくてしょうがない感じ。創造するって、本来、こんなに楽しいはずだったのだ。こうなると、教師がつけ入る隙はない。見守るよりない。

　同時に、子どもたちの心情の高ぶりが、手に取るように伝わってくる。わくわくする。子どもたちと同じ教室にいて、活動に夢中になって大きく見開き輝く瞳、ダイナミックな身体の動き、思わず発するつぶやきや感嘆の声、刻々と変化する心情の動き、ほほえましい仲間との交流、無垢で自由奔放で生命感にあふれる作品群、活動後の充実した表情などに触れ、共感・共有させてもらえるなんて、とても幸せ。

　理屈なんかで感じるのではない。深層から、細胞の一つ一つに鳴り響いてくる。私の大事な時間。私の"宝もの"。教師冥利に尽きる。子どもたちの"豊かな心情"に圧倒される日々。うれしくて、うれしくて、感謝の気持ちでいっぱい。申し訳ないくらい。

　表現することに自信のない子どもたちが、土粘土に気持ちをありのままにぶっつけて、表現する喜びを高めていく。働きかけるままに変化し、心情の動きを素直に受け止めてくれる"土粘土"の魅力にとりつかれている。土粘土とチョコを取り替えようかと言っても、応じる気配は全くない。

　「土粘土を全力でたたくダイナミックな姿」「動きは穏やかだが語りかけるように土粘土をいじる姿」「思いもかけない形や痕跡を発見して興奮する姿」「土粘土に顔がくっつかんばかりに近づけたり土粘土のにおいを確かめる姿」。いずれも瞳が輝き、心情が土粘土に溶け込み、土粘土と人間が一体になっている。触覚という狭いレベルではない。全ての感覚が統合され、同じ自然の一部である「土粘土と人間」が滑らかに調和している。

　作為性を強めて、意図的に"かたち"を作るのではなく、土粘土の操作を通してイメージを深め、土粘土の内部から自然に"いのち"が生まれてくるようだ。無垢で、自由奔放で、生命感に満ちあふれ、土粘土の塊の中に脈々と生命が息づいている。

子どもたちにとって、土粘土は心おどる"きわめつけ"の素材である。表現力の高まりとともに、意欲や主体性が向上し、子どもたちの生活全体が活気を帯びてくる。

2 「豊かな心情」の今日的意義 [2]

土粘土による子どもたちの活動が、なぜこんなにも強く、深く、激しく、心を打つのだろうか。子どもたちは土粘土と関わりながら、概念的に何を作るかを最初に決めるのではなく、感じたことを感じたままに表現している。上手に作ろうとか、カッコよく見せようなどの作為性はみじんもない。まさに「豊かな心情の世界」である。ありのままの観得したものを、ありのままに形成している。

人間誰しも素直で純粋な感情、森羅万象をありのままに受け止める心情を持っているから、子どもたちの豊かな心情に共感するのではないだろうか。

ところが現代は、エゴイズムや効率、知識（それも識）や理屈、力の論理に毒されている。これらは全て、人間のおごり高い"精神"、それも「執我」の仕業である。この"精神"は、大気や地下水の汚染、オゾン層の破壊、種の根絶など、生命の基盤である生態系すら破壊し続けている。我欲に満ちた"精神"は、自然破壊のみならず、政治・経済・文化・教育などあらゆる分野に浸透し、危機にひんした現代文明及び人間性荒廃の元凶になっている。

私たちはややもすると、障がい児に対して「この子らに世の光を」の立場になりがちである。障がいにもめげずに努力している姿を訴えたいとか、地域社会の理解を深めたいとか、社会への参加と交流を進めたいなど、表面的かつ同情的で形ばかりの社会参加や交流を進めがちである。

アートには障がいの有無はいっさい関係ないのに、作者が「障がい者」であることを冠した、障がい者のみの美術展が少なからず開催されているのが気になる。「障がい者」でくくる意味が分からない。子どもたちの無垢で、

自由奔放で、色彩感や生命感みなぎる作品群は、障がいの有無や年齢などを超えて私たちに語りかけ、魅了せずにはいられない。障がい者は、誰でも心情豊かな表現ができるわけではない。作者が障がい者か健常者かにかかわらず、心情豊かな表現になるかは、教師がその鍵を握っている。

　子どもたちの"豊かな心情"は、おごり高い"精神"とは対称的な「捨我」の世界である。このおごり高い"精神"は、生命を脅かす不気味で、意志的・概念的・執我的・拘束的・支配的・欲望的・知識（それも識）的・常識的な働きを持つ"あたま"の世界そのものである。

　子どもたちの"心情"が豊かに輝けば輝くほど、現代文明の病根、つまり"精神"の危険性が浮き彫りになる。同時に"豊かな心情"こそ、執我が君臨して病んでいる現代文明の救世主になるのではないだろうか。

　かつて、「知的障がい者が知恵遅れなら、私たち健常者は知恵急ぎではないか。」と言及された方がいた。しかし、知的障がい者は健常者に比べて概念的思考に劣るかもしれないが、指示的思考を基盤とする知恵（知）は遅れているどころか豊かである。知恵（知）が遅れているのは、むしろ健常者ではないのか。その理由は、知恵（知）は概念的思考ではなく、指示的思考によってもたらされるからである。よって、「知的障がい者が知恵遅れなら、私たち健常者は知恵急ぎではないか。」は、「知的障がい者は豊かな知恵（知）があるのに、健常者には貧しい知恵（知）しかなく、識急ぎではないか。」または「知的障がい者は指示的思考が豊かだが、健常者は概念的思考が強いために指示的思考に難がある。」がふさわしい。健常者の「貧しい知恵（知）」は、「悪知恵」でもある。

　"豊かな心情"は捨我・指示的思考の世界である。執我・概念的思考の世界よりも、捨我・指示的思考の世界こそ重要である。

　高校入試や大学入試は、残念ながら、何をどれだけ識っているかという概念的思考力を問う設問にあふれている。教育や社会は識よりも、知を追求すべきなのに、識にまみれている。識を生むのは執我による概念的思考であり、概念的思考にエゴイズムが絡むところに現代の病根がある。概念的思考

によって理屈をこね回し、物事の本質を覆い隠している。政治家も、本音を語らないどころか、平気で虚偽の説明をするからタチが悪い。なんと不誠実なことか。政治家の姿勢が問われている。

捨我・指示的思考に、エゴイズムは存在しない。豊かな社会を創造するためには、エゴイズムと決別して捨我・指示的思考を育むことが不可欠である。

執我（エゴイズム）は極めて強靭なので、口先だけでは止められない。思って止められるほど簡単ではない。その点、"豊かな心情の世界"に執我は入り込む隙がない。執我を克服する鍵は、心情が握っている。教育では、心情を豊かにすることが極めて重要である。

私たちは、執我としての精神の独走を少しでも食い止めて心情を豊かにし、「生命（体・心情）・精神」の調和を図らなければならない。精神が生命（体・心情）を支配すると生命そのものが危うくなるので、精神が捨我として生命に従属し、精神と生命を調和させていかなければならない。つまり、我々は生命や心情に素直に生き、自然と無心に呼応し、宇宙のリズムと一体になり、心情に満ちあふれる創造性能を回復しなければならない。

子どもたちと接していると、"心情"は生命と深い関わりを持ち、もとから人間に備わっている流動的で柔軟性に富み、自然で生命的・無意識的・捨我的・解放的な"こころ"そのものであることを実感する。「心」を豊かにすることは、人類をして、まさに創造の地平へと導くものであり、事例で紹介した、発達に遅れのある子どもたちの"豊かな心情"が持つ意義深さを思い知らされる。

注・参考文献

注

序　章

1) 成田　孝、『子どもの生命を脅かす教師の精神 ― 子どもの生命が輝く、教師・教育・研究の在り方 ―』（以下、『～教師の精神』）、大学教育出版、2020、p.3、一部修正。

第 1 章

1) 藤堂明保編、『学研漢和大字典（机上版）』第 12 刷、学習研究社、1988。

2) 成田　孝、「表現の意味について ― ルートヴィッヒ・クラーゲスに依拠して ―」、『昭和 59 年度 弘前大学教育学部附属養護学校年報 ふよう'84』、1985。

3) 成田　孝、『～教師の精神』、pp.3-10、一部修正。

4) 「観得」は千谷七郎らによるドイツ語「Schauen、Schauung」の和訳・意訳である。「Schauen、Schauung」は、「見る、注視する、観察する、感得する」などと訳されることが多い。訳者が「感得」ではなく「観得」としたのは、「感」には心を強く動かしたり、強い打撃や刺激を与える意味があるのに対して、「観」にはそろえて見渡してみる意味があるからと推測できる。つまり、体と心情が融合した状態は体験に開かれてありのままに見渡すして観ることであって、決して強い打撃や刺激を与えて感じることではないからである。

5) 成田　孝、『～教師の精神』、pp.8-10、一部修正。

6) 成田　孝、『障がい者アート ―「展覧会」と「制作活動の在り方 ―』（以下、『障がい者アート』）、大学教育出版、2019、pp.124-126、一部修正。

7) 経済協力開発機構（OECD）編著、『社会情動的スキル ― 学びに向かう力』、p.52、明石書店、2018。

8) OECD、『家庭、学校、地域社会における社会情動的スキルの育成』、ベネッセ教育総合研究所、2017。

9) 経済協力開発機構（OECD）編著、前掲書、p.53、明石書店、2018。

10) 成田　孝、『～教師の精神』、pp.39-41、一部修正。

11) ルートヴィッヒ・クラーゲス／赤田豊治訳『性格学の基礎』、うぶすな書院、1991、pp.32-33、p.283。

12) 成田　孝、「用語『情操』に関する一考察」、『教育研究年報 ふよう'89　第 8 集』、弘前大学教育学部附属養護学校、1990、pp.73-76、一部修正。
下中邦彦編、『哲学事典』、平凡社、1975。
田島正行、「『エクスターゼの形而上学』序論 ― L. クラーゲスのエロース論（Ⅱ）」、『独文論集』第 9 号、東京都立大学大学院独文研究会、1989、pp.59-108。

13) 成田　孝、「用語『情操』に関する一考察」、『教育研究年報　ふよう'89　第8集』、弘前大学教育学部附属養護学校、1990、pp.73-74、一部修正。

　　成田　孝、「『情操』概念に関する一考察」、『大学教育学会誌　第24号』、1992、pp.11-20、一部修正。

14) 千谷七郎、「クラーゲス思想から見た仏教」、『遠近抄』、うぶすな書院、1978、p.70。

15) 成田　孝、『心おどる造形活動 ― 幼稚園・保育園の保育者に求められるもの ―』（以下、『心おどる造形活動～』）、大学教育出版、2016、pp.104-110、一部修正。

　　成田　孝、『SDGs時代の子育て・教育 ― 幼少期からのエゴイズム克服法』（以下、『SDGs時代の～』）、大学教育出版、2021、pp.89-95、一部修正。

16) 坂井　建雄・久光　正監修、『ぜんぶわかる脳の事典』、成美堂出版、2011、p.90。

17) 岩村　吉晃、『タッチ』、医学書院、p.32。

18) 池谷　裕二監修、『【大人のための図鑑】脳と心のしくみ』、新星出版社、p.82。

19) 渡邊　淳司、『情報を生み出す触覚の知性　情報社会をいきるための感覚のリテラシー』、化学同人、2014。

20) 成田　孝・廣瀬　信雄・湯浅　恭正、『教師と子どもの共同による学びの創造 ― 特別支援教育の授業づくりと主体性』（以下、『教師と子どもの共同～』）、大学教育出版、2015、p.38。

21) 成田　孝・廣瀬　信雄・湯浅　恭正、『教師と子どもの共同～』、p.39。

22) 岩村　吉晃、前掲書、p.180。

23) 岩村　吉晃、前掲書 p.5。

第2章

1) 成田　孝、『～教師の精神』、pp.53-63、一部修正。

　　成田　孝、『SDGs時代の～』、p.63、pp.67-69、一部修正。

2) 本書、pp.93-109参照。

3) 概念的思考と指示的思考は、本書 pp.93-108参照。

4) 成田　孝、『心おどる造形活動～』、p.124。

5) 成田　孝、「用語『情操』に関する一考察」、『教育研究年報　ふよう'89　第8集』、弘前大学教育学部附属養護学校、1990、pp.73-74、一部修正。

　　成田　孝、『SDGs時代の～』、pp.21-3、一部修正。

　　成田　孝、『～教師の精神』、pp.11-29、一部修正。

6) 成田　孝、『～教師の精神』、p.12。

7) 下中邦彦、『哲学辞典』、平凡社、1975。

8) 田島正行、前掲書。

9) ルートヴィッヒ・クラーゲス／千谷七郎他訳、『人間と大地』、うぶすな書院、1986、p.32。

10）成田　孝、『SDGs 時代の〜』、p.23。

11）成田　孝、『SDGs 時代の〜』、p.148。

12）千谷七郎、『遠近抄』．勁草書房、p.161。

13）吉増克實、「三木形態学と現実学」、三木成夫『ヒトのからだ ― 生物史的考察』、うぶすな書院、1997、p.221。

14）成田　孝、『SDGs 時代の〜』、pp.28-35、一部修正。
　　成田　孝、『〜教師の精神』、pp.19-29、一部修正。

15）成田　孝、『〜教師の精神』、p.20。

16）吉増克實・星野恵則・小谷幸雄編、『人間学と精神病理学 ― 赤田豊治精神病理学論集 ―』、うぶすな書院、2006、p.159。

17）ルートヴィッヒ・クラーゲス／赤田豊治訳『性格学の基礎』、うぶすな書院、1991、巻末別表。

18）成田　孝、『〜教師の精神』、p.28、一部修正。

19）成田　孝、『SDGs 時代の〜』、pp.50-56、一部修正。
　　成田　孝、『〜教師の精神』、pp.30-38、一部修正。

20）成田　孝、『SDGs 時代の〜』、p.70。

21）成田　孝、『SDGs 時代の〜』、pp.28-35、一部修正。
　　成田　孝、『〜教師の精神』、pp.19-29、一部修正。

22）吉増克實、「三木形態学と現実学」、三木成夫『ヒトのからだ ― 生物史的考察』、うぶすな書院、1997、p.230。

23）吉増克實、前掲書、p.222。

24）吉増克實、前掲書、pp.223-224。

25）成田　孝、『SDGs 時代の〜』、p.52、一部修正。

26）ハンス・E・シュレーダー、「ルートヴィッヒ・クラーゲスの生涯と業績」、ルートヴィッヒ・クラーゲス／千谷七郎・平澤伸一・吉増克實訳『心情の敵対者としての精神　第3巻・第2部』、うぶすな書院、2008、p.2058。

27）成田　孝、『障がい者アート』、pp.96-103。

28）大島清次、「再考『芸術と素朴』」、『開館 10 周年記念記念特別展コレクション 10 年の歩み　芸術と素朴』、世田谷美術館、1996、pp.11-14。

29）大島清次、前掲書。

30）成田　孝、『〜教師の精神』、pp.36-38、一部修正。

第 3 章

1）成田　孝、『SDGs 時代の〜』、pp.48-50、一部修正。
　　成田　孝、『〜教師の精神』、pp.48-49、一部修正。

2）成田　孝、『SDGs 時代の〜』、pp.59-63、一部修正。

　　　成田　孝、『〜教師の精神』、pp.68-81、一部修正。

3) 成田　孝、『〜教師の精神』、pp.111-113、一部修正。

4) 林　竹二・伊藤功一、『授業を追求するということ』、国土社、1990、pp.55-59。

5) 成田　孝、『心おどる造形活動〜』、p.111。

6) 成田　孝、『〜教師の精神』、pp.113-115、一部修正。

7) 成田　孝、『〜教師の精神』、pp.82-88、一部修正。

8) 成田　孝、『SDGs 時代の〜』、pp.65-67、一部修正。

9) 成田　孝、『SDGs 時代の〜』、pp.71-76、一部修正。

　　　成田　孝、『〜教師の精神』、pp.46-48、pp.51-52、一部修正。

10) 成田　孝、『SDGs 時代の〜』、pp.77-80、一部修正。

　　　成田　孝、『〜教師の精神』、pp.49-50、一部修正。

11) 成田　孝、『SDGs 時代の〜』、pp.81-83、一部修正。

12) 千谷七郎、前掲書、p.131。

13) 成田　孝、『SDGs 時代の〜』、pp.83-85、一部修正。

14) 成田　孝、『SDGs 時代の〜』、pp.85-88、一部修正。

15) ルートヴィッヒ・クラーゲス／千谷七郎他訳、『人間と大地』、うぶすな書院、1986、pp.188-189。なお、この図書に収納されている同名の論文は、第一次世界大戦前の1913 年に書かれている。数編の論文とともに 1920 年に初版が出版され、生存中に第 6 版（1956 年）まで、没後に第 7 版（1972 年）が出版されている。訳は第 7 版による。今から百余年も前に、進歩思想という人間の権勢欲の増大が自然を支配して生を破滅させることを鋭く指摘している。今日及び今日に至るに自然破壊、自然破壊の元凶を予言していることに驚かされる。

16) 成田　孝、『SDGs 時代の〜』、pp.57-59、一部修正。

第 4 章

1) 成田　孝、『発達に遅れのある子どもの心おどる土粘土の授業 ― 徹底的な授業分析を通して ―』（以下、『〜土粘土の授業』）、黎明書房、2008、pp.119-122、一部修正。

　　　成田　孝、「『豊かな心情の世界 ― 発達に遅れのある子どもたちの "輝き" に学ぶ ―』」、『教育研究年報　ふよう'92　第 11 集』、弘前大学教育学部附属養護学校、1993、pp.91-99、一部修正。

2) 成田　孝、『〜土粘土の授業』、p.123、一部修正。

参考文献

・ルードルフ・ボーデ、江口隆哉校閲、万沢遼訳、『リズム体操』、ベースボール・マガジン社、1962。

・野口三千三体操監修、福田薫他編、『演劇クラブ・サークル　けいこノート』改訂版、青

雲書房、1983。
・野口三千三、『野口体操 おもさに貞く』、春秋社、2002。
・野口三千三、『野口体操 からだに貞く』、春秋社、2002、2016（新装版）。
・野口三千三、『原初生命体としての人間 ― 野口体操の理論』、岩波書店、2003。
・フラウヒゲル・赤田豊治訳、「人間性情と動物性情との相違」、『医学のあゆみ』第 70 巻
　第 3 号、1969、pp.131-140。
・千谷七郎、「クラーゲス思想から見た仏教」、『遠近抄』、うぶすな書院、1978、pp.49-73。
・千谷七郎、「自然と人間」、『法華』第 69 巻第 7・8 号、法華会、1983、pp.1-19。
・宮地敦子、『心身語彙の史的研究』、明治書院、1979。
・伊藤巧一、『魂にうったえる授業 教えることは学ぶこと』、日本放送出版協会、1992。
・伊藤巧一、「授業へのこだわり ―『授業を考える会』四半世紀の総括 ― 」、『授業を追求し
　続けて』、授業を考える会、2002。
・伊藤巧一、『教師が変わる 授業が変わる 校内研修』、国土社、1990。
・武田　忠・伊藤巧一編、『教師が変わるとき・授業が変わるとき ― 三本木小学校における
　授業研究の奇跡 ― 』、評論社、1994。
・小野成視、『ひかりはたもち 授業を創る ― 三本木小でおこったこと』、評論社、1994。
・弘前大学教育学部附属養護学校「図画工作・美術」班、『豊かな心情の世界 ― 土粘土によ
　る制作過程と作品 ― 』、1991。
・東北電力、"豊かな心情の世界展" 弘前大学教育学部「附属養護学校の子どもたちの作
　品』」、東北電力グリーンプラザ、1992 年 12 月 24-27 日。

ルートヴィッヒ・クラーゲスの和訳

・『意識と生命』、小立稔訳、畝傍書房、1943。
・「エロス論」、『愛情論』、富野敬邦訳、萬里閣、1946。
・『表現學の基礎理論』、千谷七郎編訳、勁草書房、1964。
・『人間学みちしるべ』、千谷七郎編訳、勁草書房、1972。
・『人間と大地』、千谷七郎他訳、うぶすな書院、1986。
・『性格学の基礎づけのために』、千谷七郎・柴田収一訳、うぶすな書院、1988。
・『性格学の基礎』、赤田豊治訳、うぶすな書院、1991。
　（『性格学の基礎』、千谷七郎・詫摩武元訳訳、岩波書店、1957。）
・『宇宙生成的エロース』、田島正行訳、うぶすな書院、2000。
・『心情の敵対者としての精神 第 1 巻』、千谷七郎・平澤伸一・吉増克實訳、うぶすな書院、
　2008。
・『心情の敵対者としての精神 第 2 巻』、千谷七郎・平澤伸一・吉増克實訳、うぶすな書院、
　2008。

・『心情の敵対者としての精神 第3巻・第1部』、千谷七郎・平澤伸一・吉増克實訳、うぶすな書院、2008。

・『心情の敵対者としての精神 第3巻・第2部』、千谷七郎・平澤伸一・吉増克實訳、うぶすな書院、2008。

・『意識の本質について』、平澤伸一・吉増克實訳、うぶすな書院、2010。
（『意識の本質について』、千谷七郎訳、勁草書房、1963。）

・『生命と精神』、平澤伸一・吉増克實訳、うぶすな書院、2011。
（『生命と精神 ─L・クラーゲスの面影』、千谷七郎編訳、勁草書房、1968。）

・『リズムの本質について』、平澤伸一・吉増克實訳、うぶすな書院、2011。
（『リズムの本質』、杉浦 実訳、みすず書房、1971。）

・『心情研究者としてのゲーテ』、田島正行訳、うぶすな書院、2013。

・『ニーチェの心理学的業績』、柴田収一・千谷七郎訳、うぶすな書院、2014。

・『心理学の源としての言葉』、平澤伸一・吉増克實訳、うぶすな書院、2020。

クラーゲス人間学を理解するために（主なもの）

・松永 材、『クラーゲスのエロスの哲學と母性』、風間書房、1949。

・フラウヒゲル・赤田豊治訳、「人間性情と動物性情との相違」、『医学のあゆみ』第70巻 第3号、1969、pp.131-140。

・『理想』クラーゲス特大号 1972年12月号 No.475、理想社、1972年。

・千谷七郎、『遠近抄』、勁草書房、1978。

・今井健一、「ルートヴィヒ・クラーゲスについて」、『行丘』復刊号、行丘詩社、1980。

・赤田豊治、「訳者あとがき ─ 動向論を中心として」、『性格学の基礎』、うぶすな書院、1991、p.275-292。

・ハンス・E・シュレーダー、「ルートヴィッヒ・クラーゲスの生涯と業績」、千谷七郎・吉増克實訳『心情の敵対者としての精神 第3巻・第2部』、うぶすな書院、2008、pp.2039-2065。

・平澤伸一、「訳者後書きおよび訳語について ─解説に代えて ─ 」、『心情の敵対者としての精神 第1巻 解剖学論集』、うぶすな書院、2008、pp.i-xxvi。

・平澤伸一、「第2巻訳者後書き」、『心情の敵対者としての精神 第2巻』、うぶすな書院、2008、pp.i-xvii。

三木成夫

・『内臓のはたらきと子どものこころ（みんなの保育大学〈6〉）』、築地書館、1982。

・『胎児の世界 人類の生命記憶』、中央公論社（中公新書）、1983。

・『生命形態の自然誌 第1巻 解剖学論集』、うぶすな書院、1989。

（『第2巻　基礎解剖論・保健論・保健論集』及び『第3巻　形態論・生命論集』は未刊。）
・『海・呼吸・古代形象 ― 生命記憶と回想』、うぶすな書院、1992。
・『生命形態学序説 ― 根原形象とメタモルフォーゼ』、うぶすな書院、1992。
・『人間生命の誕生』、築地書館、1996。
・『ヒトのからだ ― 生物史的考察』、うぶすな書院、1997。
　（初出『原色現代科学大事典6 ― 人間』に、6氏の解説が付いたもの。）
・『内臓とこころ』、河出書房新社（河出文庫）、2013。
・『生命の形態学 ― 地層・記憶・リズム』、うぶすな書院、2013。
　（初出『綜合看護』、「生命の形態学」として昭和52年8月から昭和54年8月まで6回連載。「生命の形態学」の全文［6回］が『生命形態の自然誌（第1巻）』）に、1回〜3回が『生命形態学序説』に収納されている。）
・『生命とリズム』、河出書房新社（河出文庫）、2013。
・『三木成夫　いのちの波』、平凡社、2019。
・『三木成夫とクラーゲス ― 植物・動物・波動 ―』、うぶすな書院、2021。

三木成夫を理解するために（主なもの）
・東京医科歯科大学医学部解剖学教室・東京芸術大学美術学部美術解剖学研究室編、『三木成夫先生業績目録』、1988。
・『三木成夫追悼文集』、三木成夫追悼文集編集委員会（東京医科歯科大学医学部第一解剖学教室内）、1989。
・『現代思想』特集 ― 三木成夫の世界　vol.22-3、青土社、1994。
・『モルフォロギア』三木成夫の思想　第16号、ナカニシヤ出版、1994。
・「三木成夫、『ヒトのからだ ― 生物史的考察』、うぶすな書院、1997。に収蔵されている以下6氏の解説。
　①高橋義人、「原型論の歴史とともに ― ゲーテから三木成夫まで ― 」。
　②吉本隆明、「三木成夫の『ヒトのからだ』に感動したこと」。
　③今泉準一、「其角と三木生物学」。
　④小板橋喜久代、「からだに内蔵された植物との対話」。
　⑤吉増克實、「三木形態学と『現実学』」。
　⑥後藤仁敏、「人体の歴史的理解と三木成夫の人間観」。
・『詩と思想』特集　からだに訊く No.184 2001年4月号、土曜美術社出版販売、2001。
・『SAP』特集 ― 三木成夫の形態学をめぐって 2002 No.9、セゾンアートプログラム、2002。
・吉増克實、「三木成夫といのちの世界」連載（6回）。第1回（Vol.101 No.4、pp.8-17、2002）、第2回（Vol.101 No.6、pp.8-16、2002）、第3回（Vol.101 No.8、pp.10-19、2002）、

第 4 回（Vol.101 No.10、pp.55-63、2002）、第 5 回（Vol.101 No.12、pp.15-23、2002）、第 6 回（Vol.102 No.2、pp.42-51、2003）、『幼児の教育』、日本幼稚園協会、2002-2003。

・『考える人』特集生命記憶 2003 年春号、新潮社。
・西原克成、『生命記憶を探る旅 三木成夫を読み解く』、河出書房新社、2016。
・布施英利、『人体 5 億年の記憶：解剖学者・三木成夫の世界』、海鳴社、2017。
・和氣健二郎・養老孟司・後藤仁敏・坂井建雄・布施英利編、『発生と進化 — 三木成夫記念シンポジウム記録集成』、哲学堂出版、2020。

　この図書は、1989 年から 2010 年まで、東京大学・東京医科歯科大学・順天堂大学・東京藝術大学・鶴見大学を会場に 19 回開催された「三木成夫記念シンポジウム『発生と進化』」の要旨（第 1 回〜第 3 回を除く）が全体の約 4 割、「三木学に関する 4 氏の論文」「三木成夫についての対談とエッセー」「三木成夫の生涯と業績」が約 5 割、約 1 割が三木成夫の 2 つの論文で構成されている。

　なお、2013 年 3 月 30 日にサンポートホール高松・かがわ国際会議場で開催された第 118 回日本解剖学会総会・全国学術集会の教育講演「香川が生みだした思想家・解剖学者、三木成夫の生涯と業績」で三木成夫記念シンポジウムの活動が事実上終了している。この教育講演の要旨も、本書に収められている。

　なお、ルートヴィッヒ・クラーゲス及び三木成夫に関する論文は、「CiNii Reserch（https://cir.nii.ac.jp）」で検索されることをお勧めする。

あとがき

　教育は、人間の本質に関わる普遍的な営みである。流行や行政に左右されてはならない。

　徹底的に教材研究して、学びを創るための授業内容と指導方法（支援）を考えて授業を毎日行うことは、教師にとって大変なことに違いない。具体的な教育内容と指導方法を考えないと授業を展開することができないので、教師の主たる関心が題材と指導方法に向くのは否めない。授業研究会での議論も、おのずと題材と指導方法が主たるテーマになる。しかし、題材と指導方法は氷山の一角にすぎない。

　本書では、題材と指導方法を支えている教師の「雰囲気、授業に臨む姿勢、教育観、思考観、人間観」にまで深く掘り下げなければならないことを繰り返し言及した。簡単に言えば、「教師の心の在り方」の再確認と見直しである。教師が自身の心を考えることは、ほとんどないと思われるので難しいかもしれないが、本書がその一助になればありがたい。

　教師なら誰しもが、自分の考えで子どもを縛ったり、自分の考えを押し付けたりするのはよくないと考えている。本書では、このような考えが教師の「教育観・思考観・人間観」と不可分な関係であることにも言及した。よって、教師がこのような考えを「教育観・思考観・人間観」のレベルまでつなげて深く理解していなければ、単なるスローガン・正論・たてまえ・空絵事にとどまり、口先だけになるのは明らかである。「教育観・思考観・人間観」レベルで深く理解している教師のみが、教師の考えから子どもを解放して子どもに学びを育み、子どもの生命を躍動させることができるのは言うまでもない。

　授業が本質的に変わることは、題材と指導方法が表面的に変わることではなく、教師の心が変わることである。教師の心が変わることによって、子

どもの学びの担い手である教師が本質的に変わり、教師としての資質が向上する。教師の資質の向上なくして、子どもの学びを高めていくことはできない。

　本書が、理論的に未整理かつ乱暴なことは承知している。また、できるだけ分かりやすく書こうと努力したが、筆者の能力不足のためにそうはならなかった箇所が少なからずあると思われる。試行錯誤と言ってもはんぱであるが、少しでも問題提起できればとの思いに免じてお許しいただきたい。

　クラーゲス思想に触れた箇所は、クラーゲス研究者からすると誤謬が多いと思われる。クラーゲス思想を教育と結びつけて論じている人は多くないと思われるが、クラーゲス思想にこそ学びを創造する鍵があると思っている。225－226頁にクラーゲス関連の図書を紹介したので、本書の不足をカバーしていただければありがたい。

　クラーゲスによると、「精神が覚証性能として生に従属したままであれば（プロメテウス期）、恵まれた條件の下に偉大な文化が発生する。これに対し、精神が独裁的意志として生を克服すれば（ヘラクレース期）、発達は何れの民族においても人間外の世界の破壊に終わる。精神は何を措いても理知、思考能力、智能としてではなく、意志としてその宿命的な世界史的役割を演ずる。」とされる（L.クラーゲス・千谷七郎他訳、『人間と大地』、うぶすな書院、p.269）。ここでは、教師の精神によっては子どもが「プロメテウス期」にもなれば「ヘラクレース期」にもなることを意味している。そして、精神が理知的性能に踏みとどまり、精神が生命（体・心情）に従属し、精神と生命が調和してこそ豊かで創造的な文化が生まれるとされる。　本書から、その意味するところが伝わり、授業を支える教師の「心」の見直し及び授業改革の具体的手がかりが少しでも得られれば幸いである。

　稀代の碩学であるルートヴィッヒ・クラーゲス（Ludwig Klages 1872-1956 哲学）と三木成夫（1925-1987 東京藝術大学教授、比較解剖学）の存在を教えてくれた今井健一（高校教師）に感謝したい。さらに、クラーゲス思想の紹介に精力的に取り組まれてきた東京女子医科大学精神医学教室教授

の千谷七郎（1912-199）・赤田豊治（1926-1995）・平澤伸一・吉増克實等に感謝したい。翻訳書及び著書にどれだけ助けられたことか。千谷七郎・赤田豊治・三木成夫・梅原猛（1925-2019 哲学）からの、身に余る励ましに感謝したい。

　クラーゲスの翻訳及び三木成夫の著作の出版に精力的に取り組まれてきた、うぶすな書院の設立者・代表の塚本庸夫に感謝したい。

　また、子どもに学びを創造することの厳しさを教えてくれた「授業を考える会」及び代表の伊藤功一（1930-2009 小学校長）に感謝したい。加えて、教育方法学（教授学）の重要性を学ばせていただいている廣瀬信雄（山梨大学名誉教授）と湯浅恭正（広島都市学園大学教授）には、日本特殊教育学会自主シンポジウムでの出合いに感謝したい。

　最後に、本書の出版を快諾いただいた、大学教育出版佐藤守代表取締役及び中島美代子編集担当に心からお礼申し上げる。

（敬称略）

> 一粒の砂の中に世界を見よ
> 一輪の野の花に天国を見よ
> 君の手の中に無限をつかみ
> ひとときの中に永遠をとらえよ

（ウィリアム・ブレーク　「無心のまえぶれ」より）

2023 年 2 月 24 日

津軽にて　成田　孝

■著者紹介

成田　孝　（なりた　たかし）

　1950年青森県生まれ。多摩美術大学卒業。4年間の公立中学校教諭、計34年間の県立・国立・私立の養護学校教諭、7年間の大学教授を歴任。第12回（平成3年度）辻村奨励賞受賞。

所属学会

　Klages-Gesellschaft（ドイツ）

主な著書

　『SDGs時代の子育て・教育 ― 幼少期からのエゴイズム克服法 ―』（大学教育出版、2021）、『子どもの生命を脅かす教師の精神 ― 子どもの生命が輝く、教師・教育・研究の在り方 ―』（大学教育出版、2020）、『障がい者アート ―「展覧会」と「制作活動」の在り方 ―』（大学教育出版、2019）、『心おどる造形活動 ― 幼稚園・保育園の保育者に求められるもの ―』（大学教育出版、2016）、『教師と子どもの共同による学びの創造 ― 特別支援教育の授業づくりと主体性 ―』（共著、大学教育出版、2015）、『発達に遅れのある子どもの心おどる土粘土の授業 ― 徹底的な授業分析を通して ―』（黎明書房、2008）、『『情操』概念に関する一考察』『大学美術教育学会誌　第24号』（1992）、「表現の意味について ― ルートヴィッヒ・クラーゲスに依拠して ―」『弘前大学教育学部教科教育研究紀要　第1号』（1985）。

授業を支える教師の心

2023年4月30日　初版第1刷発行

■著　　者 ── 成田 孝
■発 行 者 ── 佐藤 守
■発 行 所 ── 株式会社 大学教育出版
　　　　　　　〒700-0953　岡山市南区西市855-4
　　　　　　　電話（086）244-1268　FAX（086）246-0294
■印刷製本 ── モリモト印刷㈱

ISBN978-4-86692-254-6